这样做 零售企业管理 最有效

标准化管理制度与表格精选

文华 主编

企业管理出版社
ENTERPRISE MANAGEMENT PUBLISHING HOUSE

图书在版编目（CIP）数据

这样做零售企业管理最有效：标准化管理制度与表格精选 / 文华主编. --北京：企业管理出版社，2012.6

ISBN 978-7-5164-0088-3

Ⅰ. ①这… Ⅱ. ①文… Ⅲ. ①零售企业—企业管理制度—表格 Ⅳ. ①F713.32-64

中国版本图书馆 CIP 数据核字(2012)第 133165 号

书　　名：这样做零售企业管理最有效：标准化管理制度与表格精选
作　　者：文　华
责任编辑：丁　锋
书　　号：ISBN 978-7-5164-0088-3
出版发行：企业管理出版社
地　　址：北京市海淀区紫竹院南路 17 号　　**邮编**：100048
网　　址：http://www.emph.cn
电　　话：总编室（010）68701719　发行部（010）68701816　编辑部（010）68414643
电子信箱：80147@sina.com　　zbs@emph.cn
印　　刷：香河闻泰印刷包装有限公司
经　　销：新华书店
规　　格：170 毫米×240 毫米　　16 开本 17 印张 320 千字
版　　次：2012 年 7 月 第 1 版　　2012 年 7 月 第 1 次印刷
定　　价：36.00 元

本书编委会

前　言

所谓标准化管理，是指符合外部标准（法律、法规或其他相关规则）和内部标准（企业所倡导的文化理念）为基础的管理体系。标准化是人类智慧的结晶和经验的总结，是更经济、更规范、更合乎事物规律的不断优化的管理技术和营运方法，进行标准化管理是企业科学管理的基础。

近年来，随着外资的介入和专卖店、大卖场、网上商店等新兴业态的崛起，零售业的竞争日趋激烈，按照传统的粗放式方式管理的零售企业，经营举步维艰。为了适应新的竞争形势，加强企业各项工作的标准化管理，从而降低运营成本，提高竞争力，已经成为零售企业必然的选择。

本书针对零售企业的特点，综合了零售业中领先企业的成功经验，从行政综合管理、人事管理、信息策划管理、市场营销管理、财务管理、安全管理等方面着手，按照市场经济的企业运行规律和现代企业制度建设的要求，为零售企业展示了一套完整的标准化管理制度与表格的范本。按照这套管理制度，零售企业可以规范、高效地运营，迅速地迈入标准化管理的行列，从而在竞争激烈的市场中处于领先地位。

本书内容全面，操作性强，企业只要根据自身的具体情况稍加修改后就可直接应用，是零售从业人员的实用工具书。

由于编者水平有限，书中如有错误之处，欢迎读者批评指正。

编者

目　录

第一章　零售企业行政综合管理制度与表格

连锁企业的行政管理体系，可以说是企业的中枢神经系统。它是以总经理为最高领导、由行政副总分工负责、由专门行政部门组织实施、操作，其触角深入到企业的各个部门和分支机构的方方面面的一个完整的系统、网络。因此行政管理必须建立健全和认真执行行政部门的各项管理制度、岗位责任制度、工作程序以及一系列规范化表格、图表等，从而建立起行政部门的“法治”秩序。

为使连锁总部总务行政管理迈入正轨、提升工作效率，行政管理制度的制订就是为使员工有所遵行，并由总务人员负责执行，并推行到全体员工。只有这样，才能够充分挖掘和最大限度地利用公司的各种资源，提高员工工作积极性，开源节流，提高企业经济效益，加快企业发展。

一、总经理工作岗位职责

总经理受董事长委托主持公司日常工作，并协助董事长行使下列职权：

（1）主持公司的经营管理工作，组织实施董事会决议；

（2）拟定公司的经营计划和投资方案；

（3）拟定公司的年度财务预算、决算方案；

（4）拟定公司的利润分配方案和弥补亏损方案；

（5）拟定公司增加或减少注册资本、增资扩股方案以及发行公司债券的方案；

（6）提出聘任或解聘公司财务部门负责人，全资公司经理、财务负责人，公司职能部门负责人建议；

（7）拟定公司基本管理制度；

（8）拟定公司内部管理机构设置；

（9）拟定公司员工工资方案和奖惩方案，年度调干和用工计划；

（10）依法决定公司员工的聘用、升级、加薪、奖惩与辞退；

（11）审批公司日常经营活动中的各项费用支出；

（12）董事长授予的其他职权；

（13）遵守公司章程，忠实履行职务，维护公司利益。

二、总经理秘书工作岗位职责

（1）为总经理提供秘书服务。

（2）负责公司各类文件的呈报及批复后的传送。

（3）负责检查信函的处理、登记和回复。

（4）负责总经理室的档案整理和装订工作。

（5）传送总经理室的文件和报纸。

（6）负责总经理室日常电话的接转。

（7）承担总经理的日常来访接待工作。

（8）每日与值班经理交接班。

（9）负责总经理交办的其他工作（如开具介绍信、生活安排、接送安排及车旅费报销等）。

三、办公室主任管理制度

第一章　职务规定

第一条　负责督促、检查行政部门对上级的指示、总经理办公室决议及总经理决定的贯彻执行。

第二条　定期组织收集、分析、综合公司有关生产、行政等方面的情况，主动做好典型经验的调查总结，及时向总经理汇报、请示工作，并定期向上级书面汇报。

第三条　根据总经理指示，负责组织由总经理主持的工作会议，安排并做好会务工作。

第四条　负责起草总经理授意的综合性工作计划、总结和工作报告。

第五条　组织起草总经理办公室文件（负责审核各职能部门以总经理办公室名义起草的文件），组织并做好公司文件的编号、打印、发放以及行政文件的立卷、归档、保管工作。

第六条　组织做好总经理办公室印鉴和介绍信的使用保管、函电收发和报刊收订分发工作，并及时编写公司的大事记。

第七条　协调、安排涉及多部门主管参加的各种会议。

第八条 组织并做好来客接待和公车的管理工作。

第九条 指导并做好电话话务与机线维修工作。

第十条 根据总经理提出的方针、目标、要求，及时编制本室的方针目标，并组织贯彻落实。

第十一条 负责公司办公用房的分配调整及办公用品、用具标准的制订和管理，并对办公用品、用具标准化及各部门文明办公进行检查督促。

第十二条 负责完成总经理临时交给的各项任务。

第二章 职权规定

第十三条 有权向公司各部门索取必要的资料和情况。

第十四条 有权检查督促对总经理指示的贯彻执行情况。

第十五条 有权催促各部门按要求完成公司下达的工作任务。

第十六条 有权催促各部门及时做好文件与资料的立卷、归档工作。

第十七条 有权按总经理的指示，协调各部门之间的工作关系。

第十八条 有权安排、调度公车的使用。

第十九条 有权对各部门以总经理办公室名义起草的文件审核和校正。

第二十条 有权对不符合规定，或质量不高、效果不大的文件、资料，拒绝打印发放。

第二十一条 有权对要求各部门主管参加的会议进行综合平衡或精简压缩。

第二十二条 有权根据总经理的指示，对办公用房进行分配和调整，并对办公用品、用具标准化进行检查、督促。

第三章 职责规定

第二十三条 对得知生产行政工作出现异常情况后未及时向总经理反映，以致造成重大损失负责。

第二十四条 对总经理办公室行文的差错，收集与整理的资料失实而造成的严重后果负责。

第二十五条 对机密文件和文书档案管理不严，发生失密、泄密或丢失、损坏负责。

第二十六条 对公文、函件、报刊、电报传递不及时，或发生丢失、误传现象，影响工作负责。

第二十七条 对印鉴、介绍信管理不严或使用不当而造成的不良后果负责。

第二十八条 对下属工作质量差造成的不良影响负责。

第二十九条 对本室所属岗位发生的设备、人身、交通、火灾事故负责。

第三十条 对未及时根据公司方针目标的有关要求，编制好本室方针目标或未及时检查和落实负责。

四、办公室规范管理制度

1. 办公仪表规范

（1）每周一至周四：男士着深色套装（马甲）、衬衣、皮鞋，佩戴领带。

（2）每周一至周四：女士着深色套裙（或裤）、马甲、衬衣、皮鞋。

（3）周五：随意着休闲上装及长裤，女士可着裙装（有外事活动除外）。

（4）头发梳理整齐，服饰熨烫挺括，领带正挺，皮鞋亮净。

2. 卡座区规范

（1）办公桌：桌面除计算机、口杯、电话、文具外，不允许放其他物品。

（2）辅桌：放置文件盒、少量工具书。

（3）座椅：靠背、座椅上不准放任何物品，人离开时椅子调正。

（4）计算机：主机上方放显示器，计算机置写字台左前角。

（5）卡座屏风：内外侧不允许有任何张贴物。

（6）垃圾篓：罩塑料袋，置写字台下右前角。

3. 办公室规范

（1）办公桌：桌面除购置的案头用品及计算机外无其他物品。

（2）辅桌：桌面置文件盒、笔筒、书籍外，不准放其他物品。

（3）计算机：在桌面上呈45°角贴墙放置，横式主机置显示器下，竖式主机置桌面下。

（4）拖柜：置办公桌下左角或辅桌后部，面朝办公椅。

（5）垃圾篓：置辅桌后。

（6）饮水机：放在指定地点，不得随意移动。

（7）报刊：必须上报架，或阅完后放入办公桌内。

（8）外衣手袋：置挂于衣帽间或柜子内，严禁随意放在办公桌椅及地柜上。

4. 语言规范

（1）交往语言：您好，早晨好，早，晚，再见，请问，请您，劳驾您，关照，谢谢，周末愉快。

（2）电话语言：您好，请问，谢谢，再见。

（3）接待语言：您好，请稍候，我通报一下，请坐，对不起，请登记，我即刻去联系，打扰您一下，好的，行（切勿说“不”）。

5. 行为规范

（1）坚守工作岗位，不得串岗。

（2）上班时间不得看报纸、玩游戏或做其他与工作无关的事情。

（3）办公桌上应保持整洁，并注意保持办公室的安静。

（4）上班时穿西装和职业装，不能穿超短裙与无袖上衣及休闲装，上班时间不得在办公室化妆。吸烟请到吸烟室。

（5）接待来访和业务洽谈，应在接待室或会议室进行，私客不得在卡座区停留。

（6）不得因私事在办公室打长途电话。

（7）不得在计算机上发私人邮件或上网聊天。

（8）不得随意使用其他部门的计算机。

（9）所有电子邮件的发出均须经部门经理批准，以企业名义发出的邮件须经总经理批准。

（10）未经总经理批准和部门经理授意，不得索取、打印、复印其他部门的资料。

（11）无工作需要，不得擅自进入计算机房、档案室、打字室、财务部、会议室、接待室。

（12）严格遵守考勤制度，不得迟到、早退。

（13）不论任何原因，上下班不得代人刷卡。

（14）不准将办公室的烟缸、茶杯、文具等公物带回家私用。

五、总经理办公会议管理制度

第一条　总经理办公会议是经理人员交流情况、研究工作、议定事项的工作会议。

第二条　总经理办公会议由总经理主持，特殊情况下可由总经理委托副总经理主持。总经理办公会议出席人员为：董事长、总经理、副总经理、财务总监、总经理办公室主任、秘书，必要时可邀请有关人员列席。

第三条　总经理办公会议原则上每星期召开一次。集团领导班子成员因故不能参加总经理办公会议，应向总经理或主持会议的副总经理请假。

第四条　秘书应认真做好会议记录，会议记录应完整、真实，记录应包括会议时间、地点、出席人员、列席人员、审议事项、发言要点、决策意见、情况通报要点等。会议记录由秘书保管，并定期整理存档。

第五条　总经理办公会议的会务工作由总经理办公室负责。总经理办公会议议程及出席范围经总经理审定后，一般应于会议前一个工作日通知集团领导班子成员及其他出席者。

各部门及子公司需提交总经理办公会议讨论的议题，一般应于会议前3个工作日向总经理办公室申报，由总经理办公室请示总经理后予以安排。重要议题的讨论材料需提前3个工作日送达出席会议人员阅知。

第六条 总经理办公会议议题包括：

（1）传达股东大会、董事会决议，组织实施董事会决议、年度经营计划和投资方案。

（2）拟定公司年度财务预决算方案、税后利润分配方案、弥补亏损方案和公司资产用以抵押融资的方案。

（3）拟定公司的基本管理制度和内部管理机构设置方案。

（4）制定公司的具体规章。

（5）批准公司员工工资及福利方案、奖惩事项、年度用工计划。

（6）通过聘任或解聘副总经理、财务负责人、管理人员的提案，通过关于超过授权范围的担保事项的提案，并递交董事会审议。

（7）批准除由董事会聘任或解聘以外的公司管理人员。

（8）批准公司重要工作计划、经营方案。

（9）总经理认为需要研究解决的其他事项。

第七条 总经理办公会议对决定事项应充分讨论、审慎决策。当有意见分歧时，一般事项以主持会议的总经理或副总经理的意见为准，重大事项需以会议表决方式通过。会议纪要内容主要包括：会别、会次、时间、地点、主持人、参加人，会议的主要内容及议定事项。会议纪要由会议主持人审定并决定是否印发及发放范围。会议纪要要妥善保管、存档。

第八条 总经理办公会议决定以会议纪要的形式作出，经主持会议的总经理或副总经理签署后，总经理办公室督办。凡是需要保密的会议材料，会议结束后总经理办公室负责收回。

第九条 参加会议人员要严格执行保密纪律，不得私自传播保密会议的内容和事项。

第十条 总经理办公会议纪要经主持会议的总经理或副总经理签署后按规定印发。

第十一条 本制度自报董事会批准之日起实施。

六、办公室例会管理制度

第一条 部门管理人员例会每周举行一次，由总经理主持，副总经理及各部门经理级人员参加。

第二条　会议主要内容为：

（1）总经理传达主管或上级公司有关文件，董事会、总经理办公会议精神。

（2）各部门经理汇报一周工作情况，以及需提请总经理或其他部门协调解决的问题。

（3）由总经理对本周各部门的工作进行讲评，提出下周工作的要点，进行布置和安排。

（4）其他需要解决的问题。

第三条　会议参加者在会上要畅所欲言，各抒已见，允许持有不同观点和保留意见。但会上一旦形成决议，无论个人同意与否，都应认真贯彻执行。

第四条　严守会议纪律，保守会议秘密，在会议决议未正式公布以前，不得私自泄露会议内容，影响决议实施。

七、会议室、接待室管理制度

会议室、接待室是公司举行会议、接待客户的场所，为加强管理，规范公司会议室、接待室的使用，给员工营造一个良好的工作环境，特制定如下管理制度：

（1）公司所有员工非接待客人和参加会议，不得随意进入接待室和会议室。

（2）各部门如需使用会议室，要提前到总经理办公室申请，在会议室使用登记簿上签字，由办公室统一安排。

（3）接待室有专人负责引见、招待、接送来宾。

（4）任何员工不得随便移动会议室、接待室的家具及物品。

（5）任何员工不得随意使用会议室、接待室的茶叶、咖啡、饮料等用品。

（6）任何员工不能随意拿走接待室的报纸、杂志等资料。

（7）爱护接待室、会议室的设施。

（8）会议结束，要整理会场，保持清洁，并去办公室办理交接手续。

以上规定希望全体员工自觉遵守，损坏公物或违反制度者将给予适当的经济处罚。

八、电话总机与服务台管理制度

电话总机和服务台是一个公司对外的窗口，其工作质量的高低直接关系到客户对公司的初次印象。因此，总机接线人员和服务台的服务人员必须始终保持开朗的心情。

1. 电话总机管理

（1）电话总机人员的条件。

①口齿清晰、音质温柔。

②反应灵敏、动作迅速。

③有耐心及责任感。

（2）电话礼貌。

①以最快的速度接听来电（最好不要超过三声），并用亲切的口吻说“某某公司，您好”。

②在接听电话时，有第二线接人，如果确定不可能在数秒中结束，应先暂停接听，并说对不起，请稍待，立刻先接第二线，并以最快的速度解决，再切回第一线继续接听。

③两、三线同时打入时，应逐一接听，迅速处理，如有其中一线无法快速转接时，也应以“对不起”、“请稍候”的方式暂停，先处理另一线，而后再切回接听。

④如果耽搁过久，则应向来电者先行抱歉。

⑤如果分机占线，则应向来电者说：“对不起，某某分线还在占线，是否等一会再拨？”如果是加盟主、店主或总部主管级的来电或是常来电的熟人，则可在便条纸上留下来电者姓名、电话号码等，并转知当事人回电。

⑥无论来电者是口气不佳或是破口大骂，都不应动气回嘴，必要时应转接请主管处理。

⑦总机接线人员，必须尽可能地使用下列规范语言。

a. 您好，某某公司。

b. 您要哪里，或您找哪一位？

c. 您有公事吗？

e. 某某正在打电话，请稍候。

f. 对不起，某某人在吗？

g. 对不起，请帮助接一下某某。

⑧下列语言在任何情况慎用。

a. 不知道或不清楚。

b. 你找谁？

c. 找他干嘛？

e. 听不懂你的话。

f. 听不清你说什么。

（3）总机管理。

①有关公司的业务十分繁杂，接线应该迅速判别来电的意图，准确无误地接通有关部门及人员。

②把关系或交易伙伴企业、关系政府机构与团体，以及主要客户企业电话号码制成一览表，并背下来。

③尽可能地留意长距离或长途电话，以便有效利用通话时间或及时予以挂断。

④传呼或传唤电话铃响之后，尽可能让接电话者来接电话，不要挂断。

⑤如果要让对方暂且挂断电话，则必须弄清对方的职务、姓名、与接电话者的关系以及回电话号码，并准确地把这一切转达指名传唤者。

⑥如果对方希望转告电话内容，则必须将电话内容记录下来，以免忘记，确保电话内容转达给指名接电话者。

⑦如果来电话询问企业重要职务的某某人在不在，在干什么，以及企业内部有些什么事情等，接电话者或总机接线员即使知道，也不要予以回答，并应与秘书处或有关部门联系，由那些部门予以处理。

⑧在与对方通话时，清注意礼貌用语，并注意使用职务名称，如总裁某某、部长某某、科长某某；不要直呼其名。

⑨总机应提早 15 ~ 30 分钟上班，并晚 15 ~ 30 分钟下班。

⑩中午休息时间，应安排其他同事轮流值班。

⑪上班时间如有需要必须离开机台时，应找同事暂时代理，不得任置电话无人接听。

⑫一般员工挂接长途电话，应依规定填写《长途电话申请单》，经权责主管核准后，总机方得代拨，《长途电话申请单》应暂留存，待次月与电话费单据核对无误后，一并呈主管核查。

2. 服务台管理

（1）服务台的人员及配备。

①服务台的服务人员，多以女性员工担任，仪表端庄，口齿清晰是重要的条件。

②严格要求服务态度及礼节。

③工作中不得阅读报章、杂志、书籍，或吃早餐、零食，也不得从事其他私人的事务。

④服务台应配有电话，以便与公司内同仁联络。《访客留言登记簿》是供来访未遇时登记留言。应有简单的沙发、茶几、报架等，供来宾暂时等候时所用。

（2）服务台的工作重点。

①对非连锁总部人员进入，应主动询问，了解访客及机构、姓名，必要时可请其出示名片。

②应以电话联络来访对象（同仁），以确定是否有空或接见，并请在沙发稍坐等候。如等候时间过久，应主动再联络公司同仁，并委婉告知来访者等候的原因。

③要求被访的同仁至服务台接来访者至会客室，不得由来宾自行进入。

④来访者如为高级主管的贵宾，应即与主管的秘书联络，由秘书前往引导，如主管在开会，来访者若留在服务台等待，难免有失礼节。如果本身工作不太忙，代为引导也无不可。但是不能耽搁过久，使服务台空缺。

⑤事先预定来访的贵宾，服务台人员随时注意，以期早些察觉，可至门口处欢迎。

⑥对不速之客或推销货品的人员，也应礼貌地请其留下名片，或委婉拒绝或协助保安人员处理。

⑦负责公司邮件的收取、分发工作。

⑧完成行政部部长临时交办的其他任务。

（3）来宾接持。

①来宾进入会客室或贵宾室后，应立即通知总务人员或接待人员送茶或咖啡。

②会客室或贵宾室应保持整齐、清洁，不得堆放不相关的物品，并随时注意来访者离去后的清理工作。

③来宾走到服务台前询问时，应起立应对，面带笑容。如手上并无其他工作，应随时注意门外，起立相迎，使来宾有受重视感及亲切感。

④对抱怨的客户，应立即请往会客室，并请主管出面安抚，不要在服务台前大声叫骂，有碍公司形象。

⑤按来宾接待程序起立招呼，使用礼貌用语。

⑥询问来访人姓名、单位、身份、来访目的、是否预约。

⑦决定接待对象和方式。确定是由秘书接待，有关部门接待，还是领导接待，以及是否安排工作餐或宴请订餐。

⑧接待完毕，礼貌送客：按宾客身份分别送至办公室门口、楼（电）梯口、公司大门口。

⑨填写访客记录，必要时向领导汇报。

（4）同事外出登记。

服务台出口处管理部分，除针对来者外，有关同事进出，也得要求登记，可于服务台设置《同仁外出登记簿》，在出门前先将时间填入，备注栏内可注明联络电话，或乘坐何种交通工具。

九、办公用品管理制度

1. 办公用品项目

（1）文具用品。

①白板、板擦、档案夹、钉书机、印台、笔记本、色带。

②各类表单、信封、信纸、公文纸、影印纸、色纸、报表纸。

③公文架、名片、印章、卷宗。

④剪刀、刀片、橡皮擦、尺、胶水、修正液。

⑤原子笔、彩色笔、签字笔、粉笔、水彩笔、麦克笔、铅笔、笔芯。

⑥其他未列项目。

(2) 杂项购买。①茶叶、各类纸杯、抹布。

②电线、电插头、门锁、电池、录音带、底片、灯管。

③洒扫用品、垃圾桶、清洁剂、卫生纸。

2. 公务用品的请购及采购

①总部所需的公务用品统筹由总务单位负责请购。

②总务人员应定期寻找公务用品的供应厂商，并掌握其供应价格的变动。

③采购各项公务用品时，应有三家厂商比较其价格、品质、服务等决定采购。

④每次采购的金额须于事前填妥申请单，呈单位主管核准后，方可进行采购。

⑤各单店由店长填写请购单，并传真至分管部门，经分管部门核准并批示自行购买回传后，各店才能动用备用金购买。

3. 办公用品的修缮

①各单位专用的办公用品，使用部门填具《请修单》，请购请修程序核准后，由总务人员议价请修。

②各单位共同使用的办公用品由总务人员填具《请修单》，总务人员议价后，经请修程序核准后，由总务人员请修。

4. 办公用品的保管权责

①公司共同使用的办公用品由总务人员负保管之责。

②各单位专用的办公用品，由使用单位负保管之责。

③个人专用的办公用品，由使用者负保管之责。

④办公用品如有短缺、损坏的行为，情节严重时，负保管、维护的责任人，应予赔偿。

⑤常备办公用品由总务人员设置各项最低安全库存量，以备各单位的使用申请。

5. 办公用品的领用

①员工领用各项办公用品时，应填具《办公用品申请单》。

②申请领用经核准后，向办公用品的保管者领用。

③申请者需经单位主管签准后，始得向总务单位申领。

④总务单位再依《办公用品申请单》，填《办用品领用卡》管理。

十、印刷管理制度

1. 估价，付款条件

（1）公司对外委托印刷业务时，应评估三家印刷厂的比价。

（2）除价格因素，尚须注意印刷质量、付款条件的配合比价。

2. 服务品质

（1）除确保公司的行政效率，对外发包印刷业务时，应考虑印刷厂的交货速度。

（2）厂商的印刷设备、印刷的品质也是委托交印时所需注重的因素。

3. 评估呈核发包

（1）经上述的条件要求后，印刷业务负责者应综合评估。

（2）评估后，将《估价单》及综合评估一并交主管核示。

（3）第一次新制表单须经管理单位签核后，总务单位才能开始发包印制。

4. 跟踪控制，清点验收

（1）跟踪控制印刷厂如期交工，总务单位在印刷业务发包后，应密切督促进度，务必要在所要求的条件下完成。

（2）控制品质符合标准要求。

（3）清点验收：

①交件时间；

②数量；

③交件地点。

5. 存档备查

各项印刷品应建立档案存档备查，以备未来再版印刷及评估之用。

（1）样张、印刷单位、电话、地址、每次数量、价格。

（2）常备印刷品进货、库存量、领用量。

十一、费用请领制度

1. 适用范围

（1）杂费是包括汽机车燃料费、交通费、邮电费、杂务费、修缮费（车辆、设备、财产）等及其他杂项支出。

（2）所有费用的申请，申请者于事前填妥申请单，呈有关主管核准。

（3）原则上，公司均以开立支票支付，但特殊情况而支出在1000元以下者，可检具凭证及《零用金申请单》，经主管核准后，支领杂费。

（4）各种杂费开支，如需预备现金，应填具《杂费借（还）款通知单》，交杂费管理人员，即凭单支给现金。

（5）杂费的借支，经手人应在一星期内取得正式发票或收据，加盖经手人与主管之费用章后，交杂费管理人冲转借支，如超过一星期尚未办理冲转手续，应将该款转入经手人私人借支户，并于当月发薪时一次扣还。

2. 手续及核准程序

（1）流程的说明。

①请领方式以《请款单》填具，杂项费用、计程车等小额费用支出都应取得凭证，若无法取得凭证，应填具《支出证明单》。

②财会部仅就经核准后的项目付款，未经核准程序的开销，都由支出人员负责。

③如有紧急采购者，可事先经报备后进行采购或支出，但同时仍须补填《申购单》，并经采购单位核准后方可付款。

④紧急采购仍须依正常采购程序办理。

⑤其他各单位的费用，无论以零用金的方式申请的零用金，或非零用金的支出，也应遵照实施。

⑥严禁支出者将整笔支出化整为零，而以零用金报销，凡该情形发生财务部门将不付款，概由支出者负责。除非事前经核准者例外。

（2）核决权限。

公司各项采购及费用支出权限可依下列规定办理。

①人民币999（含）元以下由部门经理核决。

②人民币1000～4999元由部门经理初核，副总经理（总经理）核决。

③人民币5000～9999元由副总经理（经理）初核，总经理核决。

④人民币10000元（含）以上由总经理初核，董事长核决。

十二、车辆管理制度

1. 分类

（1）单位（部门）的专用车，即指专供特定单位使用者。

（2）个人专用车，专供特定个人使用者。

2. 车辆保管

（1）车辆应由专职司机驾驶，需由他人驾驶时，应善尽驾驶人责任。专职司机应每周实施定期检查及保养，以维持机件寿命，确保行车安全。

（2）车辆的有关证件及保险资料统由管理部保管，并负责一切违规费的缴纳及维修。

（3）各单位需要使用车辆时，应事先填妥《派车单》，经单位分管领导核准后交管理部调派。无《派车单》者，禁止出车。

（4）《派车单》应详填用途及装载品名、数量，也可以用《出货清单》代替。管库人员应就单载品名、数量、规格与实际数相核对，若有不符，应立即报请管理部处理。

（5）不可无《派车单》擅自出车，或不接受查点载货。

（6）各单位派车时，应依下列规定办理：

①车辆为运送公司商品及公务物品专用车辆。

②车辆不得运载任何与业务无关的职员或物品。

③车辆行前应特别注意安全检查。

④车辆行车途中应特别注意安全行驶及遵守交通规则，若有违规罚款，由驾驶员负担。

⑤车辆抵达目的地时，除妥善停置车辆外，应将《出货清单》，交厂商点收，并将签认的单据妥善保管，于返厂时交有关单位处理。取货时应详细清点数量、规格后，方得签收。

（7）司机根据《派车单》的资料于每日填报《行车日报表》，呈主管审核并核对实际里程。

（8）《行车记录表》上所载里程数应与车辆里程表相符，不符的数应由司机负责缴纳差数里程的汽油费。车辆使用单位或个人应将每月加油、保养维修等有关详细情形细载于《车辆行车保养维修记录表》上，并于每月 5 日以前将上月份记录交总务人员。

（9）上班时间外车辆的使用应呈请管理部经理核准后始准调派。车辆使用单位或个人应负责车辆之保管、维护、送修及定期检查，车辆有遗失、不正常使用损坏情况时，保管者应负赔偿之责。

（10）车辆使用单位或保管人应将每三个月一次的车辆定期检查结果登记于《车辆定期检查记录表》上，并交总务单位。

（11）总务人员应将公司车辆的保险、重大修缮等记录下来，存档备查。

3. 费用申报

（1）油费、保养费、修缮费等应保留有关单据，依费用申请及核准程序申报。

（2）若因情况紧急，得事前口头向单位主管报告，由主管转告总务单位后将车辆送修，并于事后填补《请款单》。

4. 违规肇事处理

（1）肇事时：

①总务组接获肇事通知时，应立即向部门经理报告，并迅速往肇事地点查勘处理。

②应先急救伤患，而后查勘现场。

③尽量寻觅目睹肇事的第三者作证，并记明姓名住址。

（2）肇事过失的处分：

①肇事驾驶员除负责刑事、民事责任，违章部分外出过失的处分依本章规定办理。

②经本公司签定其应负肇事责任者按其肇事理赔次数，依下列规定予以过失处分。

③肇事后经法院判决徒刑者，自判决之日起予以解雇，并令其赔偿肇事应付的金额。

④肇事后畏罪潜逃者，除请司法机关缉办外，并即予解雇。

（3）肇事赔偿：行车肇事责任判明后，如当事双方和解成立，得当场查明损害赔偿，并且依下列规定分别处理：

①责任属于对方车辆或行人的过失，保险公司概不负赔偿之责。

②肇事责任属于公司驾驶员的过失，其赔偿款项由保险公司负担，但若肇事赔偿金额超过保险金额时，其超过金额须由该汽车使用人负担。

③肇事责任属于公司驾驶员与对方驾驶员或第三者共同过失的，按各方应负责任之比率分担，其损害赔偿照前款办理。

④肇事后对方车辆逃逸能制止而未制止，或对方车号能注意而未注意，致使肇事责任无从判明或追究者，所造成的损害赔偿，由肇事驾驶员负责照第二款办理。

5. 定期保养标准

（1）每周至少清洗车辆一次（每天出车前应确保清洁为原则）。

（2）每两周至少打腊一次。

（3）正常情况更换各项消耗品的行驶里程标准：（略）

（4）不正常情况及非正常的里程下损耗，须先呈报总务单位，经核准后更换。

十三、财产管理制度

1. 分类

（1）适用范围

凡总部所有房产、店头装潢、营运设备、电气设备、运输设备、通讯、事务机器等营业事业及办公等所需一切设备称为财产。

（2）分类方式

公司财产分六大类，每类分若干小类。

第一类：不动产类。

办公室，仓库，店头卖场。

第二类：机械设备类。

冷气空调、照明设备、保全系统、电气用电源配线、保险箱、音响设备、饮水机、教学用乐器。

第三类：运输工具类。

公司用车及其他配卸公司名下个人用车。

第四类：事务机器类。

传真机、收银机、电脑、复印机、投影机、碎纸机、幻灯机、计算机、支票机、电话等。

第五类：事务用品类。

办公桌、椅子、柜子、白板、打洞机、订书机等。

第六类：其他及营业用品类。

展示架等未列入的设备用品，每件价值200元以上，均可纳入。

2. 财产管理、购置及编号

（1）财产管理。

①总务单位为公司财产的总主管部门。

②其他各部门，各指定保管人员为辅助行政部门并向主管部门负责。

（2）财产购置。

连锁总部内购置原材、物料、用品及各项固定资产，要依循公司采购管理办法的申请、采购验收等作业程序和规则办理。

①公司财产购置除第一类财产，应注意事项：

购买物品应详细了解：至政府机关了解该建筑物的所有权、设定抵押情形、买卖的记录及都市计划、使用状况等。也需实地去了解建筑物占用情形、租赁关系等。

慎选中介公司：建筑物的相关法令很多，专业性也相当高，故选聘专业中介公司是有其必要。有信用、合法、有执照的费用可能较高，但为避免未来的纠纷和损失，有时仍是值得的。

充实相关法律知识：身为公司总务人员，要把工作做好，应该多投入一些时间去了解相关的法令，或请教专家、顾问，学习他们的经验，这对公司、对自己都是有益无害的。

②由使用部门填写签呈，注明设备名称、规格厂牌、数量、使用目的、用途、预期效果、需要日期、购置预算金额等，送总主管部门初审。

③总主管部门于初审时，得请财务部门及营业部门会审。

④经初审通过的签呈，依费用申请及核准程序核准。

⑤经核准购置的财产由使用部门详填装置、场所、位置、日期等说明书或图面

送往总务单位如期采购。

（3）财产编号。

所有编码的资产均需列入财产清单中，总务单位留存一份总清册，各保管单位则留存所保管之清单。

①类号：以英文字大写字母 A、B、C……代表。

第一类：不动产类。

第二类：机械设备类。

第三类：运输工具类。

第四类：事务机器类。

第五类：事务用品类。

第六类：其他及营业用品类。

②名称编号。

财产名称，例如办公桌、会议桌、工作桌、茶几等。如办公桌规格有好几种，可将尺寸或特征列入，例如“3.5 办公桌”、“双边抽屉办公桌”或“经理用办公桌”来加以区别，分别编号。名称编号可视公司内各类财产多少决定。以阿拉伯数字三位数应可够用，前两位数为小类号，后一位为财产名称号。

③数量序号。

每一财产名称在公司内现有的数量，以阿拉伯数字三位数表示，最多可编到 999。如公司内各单项名称的财产数量并不是很多，则两位数也可。今后有新购相同财产，则依序再编号。

④保管单位代号。

一般所谓保管单位，即指使用单位。使用单位对该财产有保管的责任，保管单位代号可以用阿拉伯数字一位数表示，即 0～9。如公司单位较多，可用英文字母 AB………Z，可容纳 26 个，单位代号和财产编号间可以“—”连接。

有此单位代号，我们很容易知道此财产的归属，尤其是桌、椅等可以搬动，数量又多的财产，有助于辨识。在年度盘点时，可由电脑列印盘点表。但要注意，在财产移转时，不要忘了将此代号更改为新使用单位的代号。

（4）财产卡（略）。

（5）财产编号标签。

编号标签一般是固定于财产表面较不明显处，早期的标签多为铝质，用螺丝钉加以固定。现多以石化材质印刷，用强力胶质粘于财产表面。标签的目的在于辨识，在盘点时较为方便。由财产管理的总务单位统一印制，于财产购入时贴妥。

（6）领用。

①财产购入或取得所有权后，根据购入凭证、说明书等填制财产卡（一式二份），由财会单位及总务单位、保管单位（人）各保留一份，另应由总务单位编列

财产分类目录（一式二份），由总务、财务单位各保留一份。

②另外应将财产编列财产清册（一式二份），分别由总务单位及所属保管单位或保管人各留存一份，以备待查及移交。

（7）保管。

①总务单位应将财产登记卡按财产分类目录编号、分类、归档保管。

②另设“财产凭证袋”将各财产取得有关凭证、文件等统一保管。

③财务部所留存的《财产登记卡》，是作为会计补助账册，按法律规定，每年填入折旧提列金额及残值等记录之用。

④各部门如需使用总务单位所保管的财产，使用部门应填财物设备移转的签呈，向总主管部门申请使用。

⑤移管或借出的财产，应随《财产登记卡》第三联，由使用部门保管使用。如结束使用，财产返还总主管部门时亦同。

⑥容易搬动的财产，由各使用部门按放置场所分别填写《财产设备明细表》，填入该场所内所有财产设备的编号、名称、数量，以便保管。

（8）清点核查。

①总务单位每六个月（每年5月、11月）应指示各财产使用部门的辅助人员盘点核查财产，并要求提出盘点表。

②总务单位得随时核查使用部门的现有财产现状及数量是否确实。

③总务单位得随时核查各财产使用部门，有无管理不善情形，有无有效使用及闲置情形。

④总务单位如发现第二、三项的不良情况，应随即通知该部门主管改善，对情形严重者应呈报总经理处理。

（9）遗失损坏处理。

①使用或保管中的财产，如有遗失或故意损坏，应由该部门详细调查实情，专案报告总主管部门处理。

②财产如有损坏或需保养，除订有固定保养期间者，使用部门应立即填写《财产修缮申请书》，申请修理或保养。

（10）保养及报废处理。

确保财产随时在使用状态，发挥应有的功用，并延长财产的寿命。这些维修的建筑物费用、重大损坏的原因等，都应在财产卡内留下记录，供财产管理部门随时了解及评估。对已不能使用或过剩的财产，应由使用单位提出报废的申请。

①不定期性财产保养由各使用部门在使用期间中，发现需保养及修理时，随时填写《财产修缮申请书》申请。

②定期性财产由总主管部门按财产定期保养规定，按期填写《财产修缮申请书》申请。

③财产的保养及修理，重大的故障，或较精密的仪器、设备、电脑等仍需由原厂商来维修或签定维护合同。

④财产如已不堪使用须报废时，使用部门应即填写《财产减损单》向主管部门申请报废。

⑤财产的报废，无论使用部门因不堪使用申请报废或总务单位认为必须报废，均应将财产报废的说明详细载入。

⑥财产报废由使用部门申请，应由总务单位监定财产现状，确认已不能使用或修理状态时接受，并签认。

⑦总务单位变更财产前，应详查《财产卡》是否仍有折旧余额，如果卖价低于余额，则为公司的损失。故总务单位应以公司利益为先，寻求有利的买主，以期获得高价，尽量减少公司的损失。

十四、文件资料管理制度

1. 适用范围

（1）公司外来文件：包括邮件、电报、传真。

（2）公司对内的签呈，档案归档等。

（3）公司对外发送邮件、电报、传真等的处理。

2. 对内、外行文

（1）拟文分类。

①人事命令：任免、迁调、奖惩。

②公告：各单位就主管业务，向公众或特定的对象宣布时使用，其方式贴在各单位的布告栏或利用报刊等大众工具广为宣布。

③函：各单位对所执行公务有下列情形时：

a. 上级单位对所属单位有所指示、交办、批复时。

b. 下级单位对上级单位有所请求或报告时。

c. 平行单位或不相隶属的单位间行文时。

④简便行文表：答复简单公务的业务，寄送文件、书刊或为一般联系、查询等事项行文时。

⑤行文种类除上述外，尚有报告、便笺、聘书、证明书或聘、雇契约书、纪录、提案等，依职务、业务性质及处理方式等使用。

（2）稿面栏位填写。

①文别：依行文的用途书写。

②受文者：应写明全称、地址。非众所周知者，应注明。

③行文单位或副本收受者，应分别逐一填明。

④速别：填“最速件”或“速件”等，普通件不必填写。

⑤密等：填极机密及解密条件，如非密件则不必填写。

⑥附件：应注明名称及数量。

⑦承办单位：注明主承办单位。

⑧承办人：由承办人员签名或盖章，注明办稿的年、月、日。

（3）收发管理。

①收文：外来文件由行政部统一收件。

②发文：本公司对外发文，由行政部统一送邮局。

③分文：行政部应依下列规定处理收受的文件：

公务文件：依主办单位别编号登记后，由部门主管批示后分发各主办单位。

私人函件：普通函件送由所属单位转送，挂号函件通知本人签收。

3. 签呈管理

（1）分类。

最速件：关系公司整体运作，需立即核示交办者。

速件：关系公司整体运作或单位业务的运作，需当天核示交办者。

普通件：一般的行政业务正常的运作与时间。

（2）流程图：（略）

（3）归档。

经核示同意执行后，将其文件，依档案管理、归档。

（4）执行。

经核示同意后交办，应确实执行，遇与原拟案不同的情况，进行修改后，由承办单位再拟案核示。

（5）追踪。

交办的拟案由主办单位负责承办，该部门主管应负其追踪跟催之责，并于会议上主动提报。

4. 档案管理

（1）总则。

各单位应设置档案管理人员，依档案管理原则，统一方法管理档案。

各单位的档案管理人员应与文书及稽催单位相互联系，密切配合，各单位间的权责并应明确划分。

（2）档案管理作业过程。

①点收：指档案管理人员将业务执行完毕送来归档的文件，予以清点受领。档案管理人员点收文件应注意事项：

a. 文件不全者，退还补正。

b. 文件有污损或字迹模糊，得要求补正。

c. 存查文件，未经批准者，退还补正。

d. 附件漏送或附件未全，未经签准而抽存者得要求补正。

e. 原件附有不应归档的附件者，应将原件连同附件退还更正。

f. 归档的文件，经详细检查无误后，应于归档表及公文上盖点收戳。

g. 应归档而未归档的公文，应由单位主管督促归档。

②分类：根据档案内容的性质，归入分类表中最适当项目。

③编号：

a. 依年度编码

b. 依部门别分类编码

c. 流水号编码

④入档：指将档案存置于架柜。

⑤按次序排列：指将档案或卡片，按一定的次序排列。

⑥检调：指依有关目录迅速查得所需的案件，供业务单位参考。

a. 借调档案以与承办单位业务有关者为限。

b. 调阅非主管案件，应经有关单位主管同意，或经单位主管核准。

c. 档案借出时，应将所调档案及调案人服务单位、姓名、借出日期登记于调案记录卡，并将纪录卡放置于原卷夹袋内，以便随时催查。

d. 调案人不得在档案管理处所，擅自检取或翻阅抄录案卷。

e. 借调的档案，不得泄密、拆散、涂改、抽换、增损、转借、转抄、遗失，非经签准不得复印。

f. 借调档案以7天为限，届期仍须使用，得再申请，借出档案如有急用，得随时催还。

g. 各单位职员退休或离职时，应由人事单位通知档案主管单位。

h. 档案归还后，应在调案记录卡上注明还案日期。

⑦清理：定期检查档案，适时销毁。

a. 档案区分为永久保存、定期保存两种。依其内容价值与有关法令的规定确定存废标准。

b. 档案的保存年限以业务主管单位的审核为准，并依其业务需要编订，经权责主管核准实施。

c. 档案管理单位依据分类目录，逐案核对，每年定期清理一次。

d. 各种会计凭证的销毁，应依照有关法律规定办理。

e. 已销毁的档案应在相关的目录上加盖“××××年××月××日奉准销毁”字样。

f. 机密的档案应在机密等级消失后办理。

十五、印章管理制度

1. 印章种类

（1）对外公章：主管机构登记的公司印鉴与公司印章及特定业务专用章。

（2）职务签字单：刻有董事长、总经理等职衔签名之印。

（3）部门章：刻有部门及各店别的印信。

2. 申请制发、换发

申请制发、换发、补发公司印章时，除有关主管机构明文规定外，一律以标准规格由行政部统一制作。

3. 印章使用保管

（1）监印人员：即印章保管人。

（2）保管（监印）人员由主管指定。

（3）印章盖用：经办人使用印章，以申请用印，监印人员除于文件上用印外，印章后，由监印人留存备查。

4. 印章管理

（1）使用公司印章应于《盖用印章申请单》上填具使用时间。

（2）印章经管人注意事项：

①监印人员用印时，如发现原稿未经批核，应退还批核或更正后再用印。

②经管人员对所经管印章应妥善保管，不得转借使用，经管的印章如有遗失时，应报告主管做必要处理。

（3）印章之使用、保管、核准用印权限，依《印章一览表》的规定办理。

（4）监印人员（印章经管人员）移交时，填写《印章登记表》一式两份，一份由经管人员存查，另一份由行政单位存查。

十六、制服管理制度

1. 制服发放

（1）制服由公司统一发放、管理。

（2）式样及颜色，由总务单位拟妥呈总经理决定后执行。

2. 制作时间

（1）制服的制作，以 2 年 1 次为原则（门市则以 1 年 1 次为原则）。

（2）每年的 9 月订制发包，10 月底前发放冬季制服。

（3）4 月份订制发包，5 月底前订制夏季制服。

3. 制服管理

（1）每位员工入职后，公司提供统一的工作制服，所有工作制服均属公司财产，员工必须按公司规定的程序签领，并按规定进行使用和保管。

（2）员工在工作时，必须着工作制服，并保持工装整洁、平整、端庄。未经主管许可，不准穿着或携带制服离开工作地点。

（3）员工离职时，必须将制服交还公司，并按规定办理退还手续，如有遗失或损坏，则按规定赔偿。

十七、办公室环境卫生管理

1. 环境清洁

（1）办公处所的清洁。

（2）厕所、洗手台及饮水间的清理。

（3）会议室、会客室、教室的清洁。

（4）高级主管办公室清理。

（5）办公及宿舍区垃圾的清理、运送。

2. 美化及维护

（1）办公室内盆景的维护及更换。

（2）室内照明、电梯的维护。

（3）壁面广告、招牌的维护。

（4）卫生设备、饮水设备的维护。

（5）标语、布告栏的维护。

（6）消防设施的维护、更新。

3. 环境检查

（1）高级主管办公室部分：

①地面是否清扫干净；

②垃圾筒是否清倒；

③茶杯是否清洗；

④门窗玻璃是否明亮；

⑤茶几上是否仍有杯、盘未清理；

⑥办公桌面是否清理擦拭。

（2）会议室、会客室部分：

①地面是否清扫干净；

②桌面是否有茶杯、杂物、烟灰等；

③烟缸是否清洗；

④橱柜内的物品、奖杯等是否摆置整齐；

⑤墙上的日历、时钟是否正确；

⑥垃圾是否已清倒；

⑦照明、空调、桌、椅是否有损坏待修者。

其他如进门口的服务区、卫生间等特定公共场所也相同。主管不但需每日检查，也应要求负责该区的工作同事，依程序整理、清扫，才不会有所漏失。

4. 整理整顿

由总务单位推动，全员参与的活动，其内容包括：工作的规律化、用品工具摆置的固定化、环境的整洁化。每一个同事应养成规律的、科学的工作习惯，形成整齐、清洁的工作环境。

（1）整理。

就是将工作场所内杂乱无章的部分，加以收拾、分类、废弃等动作。例如桌面、桌底、抽屉、橱柜这是个人部分，储藏室、会议室、档案室、洗手间、饮水间、影印室、仓库等公用部分，都是经常堆积东西的地方，都应逐一收拾、清理，把不需要的、过时的、作废的、破损的资料、档案、书籍、杂志、手册、物品文具等清理出来，该丢弃、变卖、撕毁（碎纸机）的都加以处理，使空间空出来，把需要的、完好的、常用的、不常用的一一给予分类。

（2）整顿。

把空间重新分配，并予以系统化、规律化、固定化。例如办公室空间摆置规定：

①电话放置桌面的左前方。正前方则为桌历及印台，左中前方得放置茶杯，主管级右前方得放置公文筐。

②下班后桌面应清理干净，除上项物品外，均不得留置于桌面。

③玻璃垫下，左方放公司内部电话分机一览表，右方放置个人的年度或月份工作计划进度表。其他资料、私人照片等都不得放入。

④文具等应放在抽屉内，不得将笔筒或回纹针盒等留置桌面，常用文卷、档案（个人用），应放在办公桌抽屉内，不常用的文卷、资料，可放在档案柜，分类放置整齐，并加标签注明档案名称以方便寻找。

⑤废纸筒应置于桌下，除丢弃废纸外，不得放置其他垃圾。非纸类废弃物，应于洗手间或饮水间放置大型垃圾筒供员工丢弃垃圾。

⑥大衣、外套、雨衣、雨伞等物品，应由总务单位安排空间放置，不得随处挂放。

⑦钱柜、长形矮柜上，不得任意放置物品、摆饰、纸箱等，有碍观瞻。

⑧尚未使用的空白表单、电脑报表纸等，应分类放置柜内。

⑨办公室内桌、椅、柜、盆景等的摆设如欲变动时，应通过总务单位，共同研

究、整体规划。不得由个人或某一单位私自移动。

⑩个人的钥匙由个人自行保管，主管及总务单位应有留存备分，总务单位应有公司所有门、窗、柜、办公桌的钥匙，并编号安全存放，存放钥匙之箱柜，其管理办法另订。

（3）清扫。

整理是针对乱，而清扫是在清除脏。工作环境中的水沟、垃圾区、厨房和厕所周遭等都是容易藏污纳垢之处，位于郊区的工厂，更应特别重视。

（4）清洁。

①维持整理、整顿、清扫后的成果，并持续不断。

②寻找脏、乱的原因，根据脏乱的来源，减少脏乱的产生。

（5）养成习惯。

整理整顿最后的目的是要同事养成良好的工作和生活习惯，有良好的习惯，自然不会制造脏乱。工具、文具、档案、资料用完后就回归定位，不要乱丢废弃物，开完会议随手把纸杯带走，把椅子回归定位，印错作废的影印纸放置固定纸箱内，可供总务单位再利用。

推行整理整顿运动，总务单位应拟定办法、规定，并附奖惩或竞赛来激励员工。

十八、办公用品需求计划表

单位：______　　　人数：______

个人领用类（每人每月50元）							业 务 领 用 类						
办公用品名称	代号	单位	数量	单价	金额	备注	办公用品名称	代号	单位	数量	单价	金额	备注
小　计：							小　计：						
预算金额： 实际金额：		部门主管：			科长：		经办人：						

十九、办公用品请购单

财管字第　　　号

填单日期：　　年　月　日

物品名称	规格	用途	单位	数量	需用日期	估计价值	备注
请购部门负责人意见： 年　月　日			综合办公室主任意见： 年　月　日			总经理批准： 年　月　日	

二十、办公用品领用单

部门：______　　　　　　　　　　年　月　日

<table>
<tr><td>项次</td><td>品　名</td><td>规格</td><td colspan="2">单位</td><td>数量</td><td>单价</td><td>金额</td></tr>
<tr><td>1</td><td></td><td></td><td colspan="2"></td><td></td><td></td><td></td></tr>
<tr><td>2</td><td></td><td></td><td colspan="2"></td><td></td><td></td><td></td></tr>
<tr><td>3</td><td></td><td></td><td colspan="2"></td><td></td><td></td><td></td></tr>
<tr><td>4</td><td></td><td></td><td colspan="2"></td><td></td><td></td><td></td></tr>
<tr><td rowspan="3">合计金额</td><td rowspan="3"></td><td rowspan="3">保管</td><td colspan="3">管理部门</td><td colspan="2">领用部门</td></tr>
<tr><td>主管</td><td>经办</td><td>点收</td><td>经办</td><td>点收</td></tr>
<tr><td></td><td></td><td></td><td></td><td></td></tr>
</table>

二十一、重要办公用品登记卡

管理部门：综合办公室

使用部门：________

名　称：	编号：
规　格：	厂名或牌名：
构　造：	附属设备：
存放地点：	耐用年限：
原　价：	增加价值：

日　期	摘　要	凭证号数	单位	数量	增加	减损	结存
年　月　日							
年　月　日							
年　月　日							

二十二、办公用品盘存报告表

年　月　日

编号	名称	规格	单位	单价	上期结存		本期购进	本　期发放数	本期结存		备注
					数量	金额			数量	金额	

主管：______　　　　保管员：______

二十三、办公用品耗用统计表

部门		上月耗用金额（元）	本月耗用金额（元）	差异额（元）	差异率（%）	人数	说明	部门		上月耗用金额（元）	本月耗用金额（元）	差异额（元）	差异率（%）	人数	说明
代号	名称							代号	名称						

总务部经理：________　　　　　　　　经办人：________

注：差异额为本月耗用金额减去上月耗用金额的代数差。

二十四、个人领用办公用品统计表

姓名：			所属部门：		
办公用品名称	规格	单位	代号	领用日期	备注

二十五、人事档案内容登记簿

人事档案内容登记簿

填表日期： 年 月 日

案号	内容	备注

二十六、收（发）文编号登记表

收（发）文编号登记表

收文日期	发文日期	收文字号	发文字号	经办者	收文日期	发文日期	收文字号	发文字号	经办者

第二章　零售企业人事管理制度与表格

一、人员甄选及任用管理制度

1. 用人原则

用人原则的不同会影响企业的人力来源及招募任用，不同的企业文化形成不同的用人原则。

（1）基本条件。包含工作经验、学历要求、专业限制、年龄、语言能力及工作专长等，可依不同职位来定制。如门店卖场人员对设备、仪器及应对技巧需特别要求，收银人员对数字观念应清晰。

（2）法令规定。法令规定给予员工的保障，如保险、基本工资、每周工作时数等，或担任某项工作须具备专业执照，如驾照等。这些法令规定往往造成企业招募人员不易，且增加人事成本的支出。

（3）其他要求。如希望任用有经验或者初入社会者，则希望员工诚信、善于沟通、细心负责、吃苦耐劳，这些要求，常随着企业文化的不同，而有主观潜在意识在主导着企业未来的方向。

2. 人员的申请

人员的增补应当依照用人原则及实际需求，按一定的程序进行。

（1）人员增补的申请，由用人部门主管填写《人员增补表》，交由管理总部人力资源部办理。

（2）人力资源部呈报各级主管核准后，由管理总部统一招聘考核，并将招募情形报请总经理核准。

（3）如紧急缺人时，用人部门主管得先以口头向主管请示，核准后立即招聘人员，但须三日内补填《人员增补申请表》。

3. 招聘渠道

在招聘渠道的运用部分，透过连锁店总部的统合运用，可使效益发挥最大，也可适应单店进行个别招募，使得招聘渠道更具灵活性。人员招聘方式依渠道的不同而分别处理。

（1）媒体广告：以报纸、杂志、车载广告、电视、互联网等，涵盖层面较广，适合各店联合招聘，资源共享。一般由人力资源部以公文形式对内外公告。

（2）张贴公告栏：门店橱窗张贴招募广告，可立即收到效果，并适合单店招募且费用最节省，但招募层面较不广泛。一般由用人单位自行办理，于门店公共公布栏张贴。

（3）传单：采用门店柜台置放招募传单方式，可针对特定区域或人员招募，适合单店或在同区域内的连锁店使用。一般由总部人事单位协助办理。

4. 基本选择条件

（1）人力资源部接到简历时，应会同用人部门主管，先行过滤挑选出符合条件者。

（2）再以电话或以《面试通知单》邮寄通知应聘者前来面试。

（3）凡有下列情况者，不得任用为公司员工。

①患精神病或法定传染病者。

②吸食毒品者。

③亏空公款或私吞赃物处罚有前科者。

④法定规定年龄以下者。

5. 面试方式

新进员工应根据挑选对象及实际需要与应聘职位的不同，分别进行必要的笔试、面试及实际操作测验。

连锁店发展初期对于门店基层人员可由总部集中面试，随着店数的扩张，门店基层人员的面试应该逐渐授权，均由加盟店主决定，直营店则多采取授权店长或区主管面试任用。

（1）面试。

①由人力资源部与用人部门主管共同主持。

②应聘人员先填写《新进员工履历表》。

③面试内容包括：家庭背景、个人性格特点、爱好、学历、经验、专长、志向、人生观、希望工作地区、要求待遇等。

④面试时应让应聘者感到亲切、尊重应聘者人格与尊严，秉持公平、公正、公开原则面试，明确客观的评价标准。

（2）笔试。

①由人力资源部要求用人部门出题，阅卷并评分，且建立有关性格测验之类的

题库。

②司机、电脑操作、维修保养人员根据需要，则应举行实际操作测试。

6. 核准及核定权限

（1）人力资源部依测试成绩排出优先录用的人员顺序。

（2）用人部门主管将测试成绩及《新进人员试用申请及核定表》交由人力资源部，呈上级核准后由人力资源部通知任用。

（3）试用、正式任用的核定权限。

（4）门店因人力需求迫切采取立即通知方式，如采取事后通知，则以书面配合电话通知。

7. 报到

（1）报到人员应交付的资料。

①养老保险转移单；

②下岗证明；

③身份证明文件；

④2 寸近照 4 张（3 个月内）；

⑤学历、资历证件影本；

⑥健康证；

⑦其他必要的书面文件。

（2）新进人员报到时，各单位的职责。

①应由人力资源部负责介绍公司简历、工作环境、员工守则、出勤守则、单位主管等，让新进人员对这些问题有所了解。

②单位主管必须进行职前培训，并说明工作职务内容与注意事项，介绍单位内同事认识。

8. 新进职员试用期考核

（1）考核适用对象为新进职员。

（2）评核项目：

①周工作报告与转正报告；

②新进员工培训（含笔试科目）：公司产品认识，公司管理规章制度，主管考评（工作态度、绩效、品行），资讯、行政人员电脑操作能力。

（3）新进人员的试用期应为三个月。

（4）试用期可以经由部门主管核定缩短或延长。

（5）笔试科目测试在新进职员教育培训时举行。

（6）笔试科目测试几个标准以 60 分为最低标准。

（7）停止试用的情形：

①不能胜任工作者。

②品行不良，不能接受企业文化者。

③有不法行为者。

④事假达 6 天以上者。

⑤病假达 15 天以上者。

⑥有旷职记录者。

⑦有其他严重违反公司规定者。

(8) 新进员工应通过下列考核方可正式任用：

①缴交周工作报告与转正报告齐全。

②新进员工培训及格（含笔试科目）。

③单位主管考评及格。

(9) 试用期结束不予以续聘者，按照规定不续签合约。试用合格者，则予以正式任用，签署正式劳动合同，其试用期间也并入正式年资计算。

(10) 经终止试用者，仅付试用期间的工资，不另支付任何费用，也不发任何证明。

二、员工出勤管理制度

1. 工作时间的设定

(1) 总部人员每周上班 40 小时，上班时间周一到周五，9：00～17：30。配送人员采用轮休制，由各单位主管协调各员工于每月 15 日前排定下月各周轮休人员。

(2) 门店单位每周正常工作时间以 40 小时为原则（不含吃饭时间），上班时间视各店商圈与排班情形而定。

(3) 每日上、下班，员工必须打出勤卡，不得有代为打卡的欺骗行为。

(4) 员工应按规定上、下班，如未遵守者按以下规定处理：

①上班时间后到班者，视为迟到一次，每次扣款××元。一个月迟到超过三次者不算全勤。迟到超过 5 分钟后，每分钟扣×元。每次迟到超过 60 分钟者视为旷工。

②员工上班忘记考勤卡片者，应立即向主管汇报，以补办出勤。

③未办理补卡签证者，以旷工半日计，如果其未打卡是因为外出处理公务，应说明原因，并经主管批准后办理补卡。

④打卡者若因打错栏，应亲自交由主管签字注明更正，否则逾时未办者，根据上述规定处理。

⑤员工因公务而未及打卡，在公务结束后两天内，亲自持卡呈部门主管签注，

以补办出勤。逾时未补签注，按第一项规定处理。

⑥因停电或其他原因导致打卡机失灵或故障，不必打卡，但请务必于当日交由人力资源部签注，否则也按旷职论处。

⑦上班后，员工如因公必须离开办公场所，均须事先取得主管同意后，才能离开，否则以擅离职守论处。

⑧人力资源部应按时整理出勤卡，并按月统计缺勤次数及其累计次数，其中有旷职1日者扣3日薪，或一个月内旷职累计逾3日者、年累计逾6日者，事、病假已达停薪日数或违反打卡规则，应呈报核办。

⑨每月1日的卡片计算结果，都书写于卡片上，或于2日内公布全勤名单，若有错误请立即持卡片到人事单位更正，超过两日概不受理。

（5）各级主管对于所属员工考勤，应予严格执行，如未按规定手续办理，或有隐瞒欺骗等行为，一经查明，应受连带处分。

2. 员工加班的计算

（1）加班的区分。

①正常工作日加班：指正常上班日延长工作时间者。

②法定假日加班：指周末或法定休假日出勤上班者。

（2）员工加班应事前由直属主管填报《加班申请单》，说明加班原因时数，经由店主管或部门主管核准后，于当日下班前送管理部备查，门店单位于每日公司送货车配送时转回公司。未依规定办理者，不予支付加班费。

（3）全职人员延长工作时间，按加班费计算。每月结算一次，纳入次月薪金发给。

3. 员工值勤、值班

连锁总部为满足所有直营分店及加盟店的业务需要，非工作时间应当指定人员值勤、值班，以提供商品的临时调拨及其他偶发事件的处理。

主管人员于值勤时间内可离开公司，但需随时保持机动，一遇突发事件应立即前来处理。员工则于指定的工作场所值班。

（1）公司于每日下班后指派主管值勤与员工值班。

（2）值班人员在规定值班时间内，处理下列事项：

①临时发生事件。如遇重大事故值班人员力所能及的，应马上请示上级主管处理。

②预防火灾及其他危险事项。

③紧急及例行公务的处理事项。

④领导交办的其他事项。

（3）值班表由人力资源部按月编造，呈总经理核准后公布。值班员工应按时到班，如因病或其他事故不能值班时，应先行请假，另请其他人员换值，无故不值班者，依照公司惩罚条例办理。

（4）员工值班时间内，不得离开岗位。

（5）值班员工应将值班时间内所发生事件通报值班主管，并加以初步处理，其处理情形，应详载于值班簿，次日呈请单位主管核阅。

（6）值班主管的职责如下：

①特殊紧急事项的处置与反映。

②异常事项的反映与汇报。

4. 员工请假规定

（1）病假。

①员工请休病假，必须持有医院有效病假证明，经部门主管批准办妥病假手续后方可休假。

②如因急诊，无法提前请假，需提供医院开具的有效急诊证明，经核实后，可补办休假手续。

③员工因突然患病，不能上班，须设法于当班时间之前通知所属主管。

（2）事假。

员工如有特殊情况需要请事假，必须提前一天办妥请假手续，经批准后方可休假。

员工当值，遇特殊紧急情况需请事假或换休假，可随时向所属主管提出申请，经批准后可以休假。未经批准无故缺勤或擅离岗位者，按旷工论处。

事假期限的审批权为：1 天以内由所属主管审批，1 天以上 3 天以下由经理审批，3 天以上由总经理审批。

（3）当班期间不经批准擅自离岗者，每半小时扣 × ×元，不足半小时按半小时计算。

（4）遇停水、停电或其他原因不能营业，须经通知后方能离岗，否则按旷工论处。

（5）旷工 1 天扣 × ×元。

5. 调、代班

（1）调班。

凡已排定的班表，因个人因素须作排休日调整者。

申请调班者须事先征得对调者本人的同意，并于 3 日前填写《调班申请单》，经主管同意后方可调班。

（2）代班。

因特殊事须请假者，须请人代班，代班人职务须与申请者同级，于 3 天前填具《代班申请单》，经主管签核。

店内主管申请代班，应请同级人员代班方可。

计时员请代班者，不计入工作时数，工资由代班者领取，每月一次，不扣全勤。

正职人员请代班者，视为职务代理人，工资发给申请人，为代班者的工资由申请人私下协调，每月一次，不扣全勤。

6. 公司休假

（1）除周末外，其余假别及日数、条件是依法定事项办理。

（2）员工请假的权责划分图（略）。

7. 年休假

（1）员工按其服务年资，每年给予下列天数的年休假：

①服务满 1 年以上者，每年给予 2 日。

②其后服务每满 1 年加给 1 日，但最多以 20 日为限。

③年休假如于年度结算尚未休完者，不得拖延至次年补休。

④年度工作满 1 年才能休假，每年一月初核定后，统一公布下年度休假人员名单。

（2）员工有下列情形之一者，概不予年休假：

①停薪留职期间。

②全年全勤日（以每日工作 8 小时计算）未满 240 天。

（3）应按预排休假轮休，各单位人力资源部每季依预排休假表将应休未休人员造册列表，通知各部门主管，由各部门主管督促各所属人员休完。

（4）申请年休假需于 7 天前提出申请，否则不予准假。

（5）若遇紧急事故，由直属主管核准，于事后补办手续。

三、员工守则

1. 严于职守

（1）按时上、下班，工作时间内不得擅离职守或早退，班后无事不得在场内逗留。

（2）上、下班须走员工通道，乘员工专用电梯。

（3）工作时间不准打私人电话，不准会客。

（4）工作时间不得穿着工作制服外出，不做与工作无关的事。

（5）除指定人员外，其他员工不得使用客用设施。

（6）举止文明，对顾客要热情、礼貌。

（7）各级管理人员不得利用职权给亲友以特殊优惠。

2. 工作态度

（1）做到顾客至上，热情有礼。这是员工对顾客和同事的最基本态度。要面带笑容，使用敬语，“请”字当头，“谢”字不离口，接电话要先说“您好”。

（2）给顾客以亲切和轻松愉快的感觉。最适当的表示方法是常露笑容，“微笑”是友谊的“大使”，是连接顾客的桥梁。

（3）努力赢得顾客的满意及商场的声誉。提供高效率的服务，关注工作上的技术细节，急顾客所急，为顾客排忧解难。

（4）给顾客以效率快和良好服务的印象，无论是常规的服务还是正常的管理工作，都应尽职尽责。一切务求得到及时圆满的效果。

（5）各部之间、员工之间应互相配合、真诚协作，不得互相扯皮，应同心协力解决疑难问题，维护商场声誉。

（6）忠诚老实是商场员工必须具有的品德。有事必报，有错必改，不得提供虚假情况，不得文过饰非，阳奉阴违，诬陷他人。

3. 仪容仪表

员工的仪表仪容直接影响到商场的声誉及格调，全体员工必须充分认识到这一问题的重要性。

（1）员工必须经常保持服装整齐清洁，并按指定位置配带工号牌（实习生证）或员工证。要爱护商场所发的工作制服、鞋袜等物品，做到衣装整洁。

（2）男员工头发以发脚不盖过耳部及后衣领为适度，不准留小胡子。

（3）女员工不得披头散发，头发不宜过长，以不超过肩部为适度；保持淡雅清妆，不使用味浓的化妆品。

（4）员工不得梳怪异发型，应勤修剪头发、指甲，保持清洁。

4. 服从领导

各部门员工应切实服从领导的工作安排和调度，按时完成任务，不得无故拖延、拒绝或终止工作。倘若遇疑难或有不满的，应从速向直属领导请示或投诉。

5. 上、下班打卡

（1）本商场员工上、下班时必须按规定打记时卡及签到签退，并应有充分时间更换制服，以准时到达工作岗位。

（2）不得代人打卡或委托他人代打卡。

（3）如因加班、病、事假、公差、外勤等原因未能打卡，应向所在部门班组报告，以备核查。

6. 证件及名牌

（1）每位员工均由商场按规定发给工作证、工号牌（实习生证）或员工证。员工当班时应佩戴工号牌（实习生证）或员工证，部门主管及保安、稽查人员有权随时检查有关证件。

（2）工作证、工号牌（实习生证）或员工证如有遗失、被窃，应立即向部门、人事培训部报告，并按规定到人事培训部办理交费补领手续，所引起的一切责任由本人负责。如因时间长久而引起损坏者，可凭旧换新。

（3）员工离场时应将有关证件交回人事培训部，违者按场内规定办理。

7. 工作制服

（1）商场将视员工的岗位及工作的需要与否，按不同规定发给员工不同的制服。所有需穿着工作制服的员工为制服员工，不要求穿着制服的员工为非制服员工。

（2）员工着装必须保持整齐、清洁、端庄、大方，上班时必须按规定穿着工作制服，除因公或批准外，不能穿着或携带制服离开商场，下班后须将制服存放在本人衣柜内，不得擅自携离商场。

（3）离职时必须将制服交回制服房，如有遗失或损坏，则需按有关规定赔偿。

8. 遗失物品补领手续

（1）员工均应妥善使用及保管商场发给的制服、工作证、工号牌、员工证、衣柜、衣柜锁匙、记时卡等物品。这些物品离场时均须交回，如未能交回者须按规定赔偿。

（2）若有遗失或损坏者，应立即通知部门主管并报人事培训部及有关部门，申请办理赔偿补领手续。

9. 个人资料

（1）员工所填写的各类有关表格，应如实将正确资料填上，做到忠诚老实、不隐瞒、不造假。

（2）为避免有关资料不确实而导致日后员工正当权益的损失，员工本人及家庭成员有关记录之变化，例如：迁移地址、婚姻状况、学历、分配、调动、晋升、出国、生育及涉及刑事、行政判决处理等，均应及时告知部门及人事培训部。

（3）如有隐瞒、虚报造假，一经发现或由此而产生一切后果，一律由本人负责，商场将保留追究责任并有作出处理的权力。

10. 处理投诉

顾客是商场的上帝，全体员工都必须高度重视顾客的投诉。要细心聆听投诉，让顾客畅所欲言，并把它作为改进商场管理的不可多得的珍贵教材。

（1）如果顾客投诉的事项不能立即解决，应用书面记下投诉细节，并勿忘多谢顾客和对事件致歉（注意：只致歉），然后迅速通知或转报有关部门人员。

（2）事无大小，对顾客投诉的事项，如何处理必须有事后交代。

（3）投诉事项中，若有涉及本人的记录，不得涂改、撕毁，更不得造假。

（4）投诉经调查属实可作为奖励或处罚的依据。

11. 讲究卫生，爱护公物

（1）养成讲卫生的美德，不随地吐痰，不丢纸屑、果皮、烟头和杂物。如在公共场所发现有纸屑、杂物等，应随手捡起来，以保持商场内清洁优美的环境。

（2）爱护商场的一切工作器具，注意所有设备的定期维修、保养，节约用水、用电和易耗品，不准乱拿乱用公物，不得把有用的公物扔入垃圾桶。

12. 严守机密

未经批准，员工不得向外界传播或提供有关商场的资料，商场的一切有关文件及资料不得交给无关人员，如有查询，可请查询者到商场总经理室或公共关系部。

四、员工服务细则

（1）本商场各部门员工应遵守本商场一切规章及公告。

（2）本商场员工应接受上级主管的指挥与监督，不得违抗，如有意见应于事前述明核办。

（3）本商场员工应尊重商场信誉，凡个人意见涉及本商场方面者，非经许可，不得对外发表，除办理本商场指定任务外，不得擅用本商场名义。

（4）本商场员工不得经营或出资与本商场类似及职务上有关的事业或兼任商场以外的职务，但经董事长核准者不在此限。

（5）本商场员工应尽忠职守，并保守业务上的一切机密。

（6）本商场员工工作时，应力求切实，不得畏难规避、互相推诿或无故稽延。

（7）本商场员工处理业务时应有成本观念，对一切公物应加以爱护，非经许可，不得私自携出。

（8）本商场员工对外接洽事项，应态度谦和，不得有高傲自满以及损害本商场名誉的行为。

（9）本商场员工应彼此通力合作，同舟共济，不得妄生意见，不得发生吵闹、斗殴、搬弄是非或其他扰乱秩序、妨碍风纪的事情。

（10）本商场员工出勤管理应依员工出勤管理办法的规定办理，员工出勤管理办法另订。

（11）本商场员工因业务需要加班者，应依加班管理办法规定办理，加班管理办法另订。

五、员工考勤管理规定

第一条　为加强商场员工考勤管理，特制定本规定。

第二条　本规定适用于商场总部，各下属全资或控股企业或参照执行或另行规定，各企业自定的考勤管理规定须由商场规范化管理委员会审核签发。

第三条 员工正常工作时间一般分三班：早班——7：00～15：00点；中班——15：00～23：00点；大夜班——23：00～次日7：00点。

第四条 商场员工一律实行上下班打卡登记制度。

第五条 所有员工上下班均需亲自打卡，任何人不得代理他人或由他人代理打卡，违反此条规定者，代理人和被代理人均给予记过1次的处分。

第六条 商场每天安排人员监督员工上下班打卡，并负责将员工出勤情况报告商场值班领导，由值班领导报至劳资部，劳资部据此核发全勤奖金及填报员工考核表。

第七条 所有人员须先到公司打卡报到后，方能外出办理各项业务。特殊情况需经主管领导签卡批准，不办理批准手续者，按迟到或旷工处理。

第八条 上班时间开始后5～30分钟内到班者，按迟到论处；超过30分钟以上者，按旷工半日论处。提前30分钟以内下班者按早退论处，超过30分钟者按旷工半日论处。迟到早退3次按旷工半日论。

第九条 员工外出办理业务前须向本部门负责人（或其授权人）申明外出原因及返回商场时间，否则按外出办私事处理。

第十条 上班时间外出办私事者，一经发现，即扣除当月全勤奖，并给予警告1次的处分。

第十一条 员工无故旷工半日者，扣发当月全勤奖，并给予1次警告处分；每月累计3天旷工者，扣除当月工资，并给予记过1次处分；无故旷工达7天以上者，给予除名处理。

第十二条 员工因公出差，须事先填写出差登记表，副经理以下人员由部门经理批准；各部门经理出差由主管领导批准；高层管理人员出差须报经总裁或董事长批准，工作紧急无法向总裁或董事长请假时，须在董事长秘书室备案，到达出差地后应及时与公司取得联系。出差人员应于出差前先办理出差登记手续并交至劳动工资部备案。凡过期或未填写出差登记表者不再补发全勤奖，不予报销出差费用，特殊情况须报总经理审批。

第十三条 当月全勤者，获得全勤奖金×××元。

六、员工打卡管理规定

第一条 本商场员工上下班打卡，须依照本办法办理。

第二条 本商场内勤员工上午上下班、下午上下班应打卡；住在市区内的业务人员，上午及下午到商场打进卡，外出工作时打退卡。

第三条 本商场员工下午加班者，正规下班时间不必打卡，待加班完毕才予打卡。

第四条　本商场员工因事早退或出差需要离开商场，且当天不再返回公司者，应打退卡后才能离开商场。

第五条　员工上下班，必须亲自打卡，若替人打卡，打卡者及被打卡者，均给予记过一次处分。

第六条　上班中因事外出者，其出入均不必打卡，但须向主管领导或指定人员提交《外出申请单》，经核准后转交人事部，人事部将其出入时间填妥、备查。商场员工因事外出者，经直属主管核准《外出申请单》转交门卫，门卫将出入时间填入，于次日早晨交后勤管理部门转交商场人事部备查。

第七条　若员工上下班忘记打卡，持记录卡请直属主管证明上下班时间并签名后，卡片放回原位。

第八条　本商场上下班时间，商场由人事部派人看守打卡情形及调整打卡钟。

第九条　于商场内用膳时，内勤人员中午可免打卡（仅上下班打卡即可），到外面餐馆用膳时，则按规定打4次卡。

第十条　本办法经核准后施行，修改时亦同。

七、员工考勤工作注意事项

为加强员工考勤工作，特依据本商场员工服务手册及有关规定，予以精简归纳，订定本注意事项。

1．本商场员工考勤注意事项

除员工服务手册及有关办法另有规定外，须依本注意事项的规定办理。

工作时间：

（1）员工应按规定时间到（退）工，并打考勤卡。漏打者不论其原因如何，均以迟到或早退论。

（2）员工逾规定时间到工时：

①超过5～30分钟为迟到。

②超过30分钟按旷工半日论。

（3）员工未到规定时间提前下工时：

①提前30分钟以内下班者为早退。

②超过30分钟提前下工者按旷工半日论。

附注：迟到早退3次按旷工半日论；因偶发事故迟到超过30分钟以上经主管或人事人员查明属实者，可准予补办请假。

（4）常白班员工除因工作特殊需要，经各部处主管事先安排外，不得任意提早或推迟上下班时间。

2. 商场员工请假规定

（1）事假：

①如因事必须亲自处理，应在前一日下午5时前申请，经主管查实核准后，方为有效，原则上一次不得超过5天。

②全年累计事假不得超过20天。

③超假视为旷工，但遇偶发事故，应于2日内出具证明，提出申请，经主管或人事人员查明属实后准予补假。

④凡请事假当月累计4小时以内，计扣半天工资，4~8小时以内按1天计扣。

（2）病假：

①因病请假1天者，最迟应于请假的翌日提出申请，经主管签核后，将请假卡送交人事科登记（大夜班可延后1天）。

②请病假一天以内者免附医师证明，但当月连续请假1天以上或累计逾1天者必须出具当日就医的医院证明。

③全年病假累计不得超过30天，届满时因病情严重经医师诊断必须继续疗养者，可酌情给予特别病假，但以3个月为限。现住院者，以1年为限。

④当月请病假1天者，本薪照给（超过一天以上比照前事假第④款办理）。

附注：不按上列规定请假者，均以旷工论。

（3）员工请假核准权限：

①1天由班长核准（有总领班的单位应由总领班核准）。

②2~3天由科长核准。

③4~6天由经理核准。

④7天以上由副总经理核准。

⑤未设班长的员工或班长、总领班由主管核准。

附注：连续请假按照累计天数依上述规定办理。

（4）各单位员工于工作中因故外出：

①公差派遣。

②因病或紧急事故。

以上必须外出时应先请假，并依规定填具请假卡，由主管核签具出放行条，打卡外出在3分钟~1小时内，为1小时假，依此类推。其上中夜班者或单位主管不在商场内时（加工部必须先经总务科），则向值班工程师请假。

③其他零星事务不予准假，擅自外出者，依公司规定处理。

（5）凡与生产无直接关系的公出或开会，应经事务处签证后提经主管，在不影响工作的原则下核给公假。

（6）代班：

①代（调）班必须于前一日下午5点钟前提出申请，已核准的代（调）班者，不得临时更换，如有任意更换或不到工者，代理人应作请假论，无事先申请者不准。

②代（调）班员工必须填具申请卡送由当班班长转请主管核准后，方为有效。

③代（调）班在当月份内1人以3次为限，1次为1天以内，春节前后3个月内以3次为限。

④代理人必须与申请人属同一单位，且工作性质相同，经主管审核认为确实可以代理其职务方为有效；已申请特殊人员，不得替人代班，如有任意替代者，申请人应作旷工论，代理人特休照算。

⑤为顾及员工健康，凡任何一方值大夜班者，不准代（调）班。

附注：代班以下列班次为限：本人早班可连中班（不得再连续加班）；本人中班可代早班（不得再连续加班）；休息日可代中班。

⑥代班工资发给申请人。

（7）加班：

①平常白班员工如逢星期例假加班，必须于前一日下午5点钟前申请填具加班卡，经由商场主管核签后，送交人事科审核登记。

②平常工作时间以外的加班，其加班卡经主管核签最迟于翌日送商场人事部审核登记（如逢星期例假可延后一日送交人事部）。

③各单位加班卡不能按前条规定时限送达，不予计给或补发加班费。

④大夜班临时叫人加班，工作在7小时以上，不满8小时者，夜班津贴照给，不满7小时者，夜班津贴不给。

⑤中班加班员工，由商场供给加班饭。

⑥轮班工作单位上班后发现缺员临时找人加班，限半小时内到工，其半小时按加班计，超过时应扣除。

⑦事先指定时间加班者，应准时到工，不得援用前项的末段规定，如有延后到工者，超过3分钟~30分钟以内，计扣半小时工资，超过30分钟~1小时以内者，计扣1小时工资。

附注：如有发生取巧事情，班长应受处分。

⑧加班审查程序：2小时以内科长核准，超过2小时~4小时由经理（主任）核准，逾4小时由副总经理核准，并遵照工厂法规规定每月累计延时加班不得超过46小时。

八、员工上下班遵守细则

第一条 本商场员工上下班，须遵守本细则。

第二条 本商场员工应按作息时间的规定准时上下班。

第三条 上班时间5分钟后30分钟内为迟到，超过30分钟按旷工半日论，30分钟内早退者为早退，超过30分钟一律作旷工半日论，不得补请事假、病假抵充。

第四条 迟到早退按下列办理：

（1）迟到次数的计算，以当月为限。

（2）迟到早退3次按旷工半日论。

第五条 旷职（工）按下列规定办理：

（1）旷职（工）不发当日薪资。

（2）连续旷职（工）3天或1个月内累计7天者，均予开除。

第六条 上下班因公外出经过门房，如警卫人员有所询问或检查，应即接受，不得拒绝，违者按规定处罚。

第七条 上下班打卡及进出行动均应严守秩序，原则如下：

（1）无论何种班次，上班者均应于规定的上班时间前先吃饭后打卡，不得于上班打卡后出外吃饭或办理私事。

（2）下班者应先行打卡后外出。

（3）下班铃声响后方得停止工作，不得未打下班铃，即行等候打卡，如有违反，查实后即按擅离职守处分，主管人员应负连带责任。

（4）下班时，除保修人员外，其他人员在场区内至各单位洽办公务，应一律于下班前回返本单位岗位上，再遵照上条规定打卡后外出。

第八条 上下班时均须本人亲自打卡，不得托人代打，否则除予旷职（工）半日论外，其代人打卡者也受同等处分。

第九条 工作时间内，不论日夜班，凡有睡觉、擅离工作岗位及聊天等，视情况予以处理。

第十条 日夜轮班工作，应按时交班、接班，倘接班者届时未到，应报请主管处理，不得擅自离去。

第十一条 工作时间内因事外出，须有请假单或公出证交门房或控制室，否则警卫或人事人员有权禁止外出（商场人员应将请假单、公出证交人事单位登记，否则按第九条办理；推销营业人员因公外出，不必填写公出证，但应向其主管报备）。月底由各单位主管在工卡上签证。

第十二条 本细则由经理级会议研讨通过并呈总经理核定后施行，修订时亦同。

九、员工轮休办法

（1）本商场为遵守劳动法规定及配合本商场特殊情况需要，特订本办法。

（2）本办法的实施对象为轮班员工及其他非轮班人员而星期例假日仍需照常工作者。

（3）轮休由各单位交由班长（未设班长者由单位主管）视实际情形自行排定并提经各主管科长核准后于每月 20 日前将下月份的轮休表送人事科备查，并凭此制作考勤卡。

（4）轮休方式：

①轮班员工每月可轮休的天数即包括当月的星期例假及法定假日。

②轮班员工每月预定轮休的天数可自由选择事先申请排定轮休，但每周休息日不少于 1 日。

③轮班员工每月应休未休（预先未选定轮休）的星期例假及法定假日的天数应照常上班并加给星期例假的加班费。

④轮班员工既经依照本轮休方式（1）、（2）、（3）款选定轮休，不论排定轮休的天数多少，除已排定的轮休日外，其应休未休（即预先未选定轮休）的星期例假及法定假日不得再申请不加班，如因故不能到工者，应按平时请假办法事先办妥请假手续。

（5）轮班员工既经选定的轮休天数不得增加或减少，不休或与他人调换，也不得借用或保留至下月补休，如有特殊情况需要更改，每月休 2 日者限更改 1 日，每月休 2 日以上者限更改 2 日，并须于前 1 日下午 5 点钟前提出申请经主管核准后方可。

（6）轮班人员既经排定的轮休日如因工作需要或特殊情况仍需照常上班者，可经各部经理（主任）核准照给星期例假的加班或当月内指定日期予以补休。

（7）本办法经经理核准后，公告实施。

十、员工定期轮调办法

（1）为增进商场员工的工作智能与经验，扩大商场员工的工作领域与视野，以加强员工的团队意识，提高工作效能与促进商场发展，特制定本办法。

（2）担任采购、仓库管理及金钱保管人员（出纳助理人员）每 2 年应轮调 1 次。

（3）业务员、业务代表与业务主任，可每1年或2年实施轮调。

（4）其他工作性质相类似的人员，可每2年实施轮调。

（5）各部以下的主管，可每1年或2年实施轮调。

（6）员工的轮调，依员工本人的意愿或实际需要，由各部门主管签拟《人事异动申请表》。依《共同职务权限表》的规定，呈有权裁决者核准后实施。

（7）本办法经呈准后施行，修改时亦同。

十一、值日值夜及餐费给付办法

（1）为统一商场的值日值夜及餐费的给付，特制订本办法。

（2）值日值夜区分为：

①上班日的值夜。

②休假日的值日及值夜。

（3）值日值夜及餐费的给付，规定如下：

①上班日的值夜：值夜费××元；晚餐费××元。

②休假日值日及值夜：值日值夜费=上班日值夜费×2；餐费——早餐××元，午餐××元，晚餐××元；但非连续值夜值日者（即值日之前晚未值夜者）不得报领早餐费。

（4）值日值夜及餐费的申报，规定如下：

①值日值夜人员应于每月5日前，填写《值日值夜及餐费申请表》一式二联，送交人事室，报领上月的值日值夜及餐费。

②值日值夜及餐费1个月报领1次，值日值夜费于发薪时一并付给，餐费则由会计部另行发给。

（5）休假日的值日人员不得再报领加班费。

（6）商场守卫人员一律不得报领值日值夜及餐费，但其代理人不受此限。

（7）本办法经呈准后施行，修改时亦同。

十二、职员出差制度

第一条 经理出差，必须经商场主管领导及有关经理同意；其他人员出差，必须经主管经理批准。

第二条 出差要填写《出差申请报告表》。出差报告包括：工作任务、往返时间、到达地点。该表按上述审批权限审查批准后，交办公室留存。凭出差报告表，填写借款单，并经办公室经理签批后到财务部办理借款手续。

第三条 出差应遵守的事项

（1）必须按计划前往目的地，无特殊原因必须在规定时间内返回。如有变动需事先请示并获批准。

（2）乘坐火车必须按正常路线，不得无故绕道。出差途中因私事绕道者，需事先由领导批准，其绕道部分的车船费由本人承担。

（3）乘坐飞机人员要从严控制，出差路途较远或出差任务紧急的，经领导特许方可乘坐。

第四条 其他各项，如住宿标准、出差标准等，按有关规定执行。按照规定，除经理外，市内不准乘坐出租车，特殊情况（如夜间没有公共汽车等）可酌情处理。

第五条 出差结束，应写出详细的出差汇报，送有关领导和处室审阅。

第六条 出差回来后1周内向财务部办理报销手续。逾期不报者，如无特殊理由，按动用公款处理，财务部有责任检查。报销前须由主管经理审核签字。原借款未报账时，一般不再办新借款。

第七条 出差期间，严禁用公费游山玩水、请客送礼，严禁收受礼品，不得请求代购紧俏商品、土特产、优惠商品。对违反者各级领导有责任给以批评教育，所需费用一律由本人承担。

第八条 出差时间不超过7天，不补休；1周以上不超过2周，补休1天；2周以上，不超过2个月，补休2～3天。在国家法定的10个节假日出差者，原则上可补休同等时间。

十三、临时人员管理办法

第一条 目的

为使临时人员的雇用及管理有所遵循，特依人事管理规则制定本办法。

第二条 人员申请

各部门有临时性工作（期间在3个月以内）需雇用临时人员，应填写《人员增补申请书》，注明工作内容、时间等呈经理核准后，送人事部门凭以招聘人员。

第三条 雇用限制

（1）不得雇用未满16岁未成年人。

（2）经管财物、有价证券、仓储、销售及会计（除物品搬运、整理及报表抄写工作外）等重要工作不得雇用。

（3）雇用时间不得超过3个月。

第四条　雇用

（1）人事部门招聘临时人员，应填写《临时人员雇用核定表》呈经理核准后雇用。

（2）临时人员到工时，人事部门应填《雇用资料表》一份留存。

第五条　投保

在场区工作的临时人员应由人事部门办理劳保投保后，始得入场工作。

第六条　管理

（1）临时人员于工作期间可请工伤假、公假、事假、病假以及婚、丧假，其请假期间除工伤假外均不发给工资。

（2）临时人员的考勤、出差比照编制内助理员办理。

第七条　停止雇用

临时人员于工作期间如有不能胜任工作或工作期满时，雇用部门应予终止雇用，经终止雇用的临时人员应填写《离职申请（通知）单》，经主管核签后连同胸章送人事部门凭以结算薪资。

第八条　延长雇用

临时人员雇用期满，如因工作未完成，必须继续雇用时，应由雇用部门重填《人员增补申请书》，并说明理由，呈商场总经理核准后始得雇用，并将核准之增补申请书一份报总经理备查。

第九条　实施与修改

本办法经经营决策委员会通过后实施，修改时亦同。

十四、员工奖励办法

第一章　总　　则

第一条　目的

凡本公司员工长期努力于业务者，或从事有益本公司的发明及改进者，或具有特殊功绩者，均依照本办法授予奖励。

第二条　种类

本办法规定的奖励，分服务年资奖、创造奖、功绩奖、全勤奖 4 种。

第三条　服务年资奖

员工服务年资满 10 年、20 年及 30 年，且其服务成绩及操行均属优良者，分别授予服务 10 年奖、服务 20 年奖及服务 30 年奖。

第四条　创造奖

员工符合下列各项条件之一者，须经审查合格后授予创造奖。

（1）开拓新业务，对本公司有特殊贡献者。

（2）从事有益业务的发明或改进，对节省经费、提高效率或对经营合理化的其他方面具有贡献者。

（3）屡次接受“其他奖励”或提供了受奖励的提案，其效果显著者。

（4）在独创性方面虽未达发明之程度，但对专业技术等业务上确有特殊的努力，因而对本公司具有重大贡献者。

（5）前列各款至少应观察6个月以上的实绩，经判断确具有效果者，方属有效。

第五条　功绩奖

员工符合下列各项之一者，经审查后授予功绩奖。

（1）从事对本商场有显著贡献的特殊行为者。

（2）对提高本商场的声誉具有特殊功绩者。

（3）对本公司之损害能防患于未然者。

（4）遇非常事变，如灾害事故等能随机应变，措施得当，具有功绩者。

（5）冒险救难，救护商场财产及人员于危难者。

（6）其他具有足为本商场楷模，有益于商场及员工的善行者。

（7）屡次被授予根据“其他奖励”或其功绩经重新评定应属更高者。

第六条　全勤奖

员工连续3年未请病、事假或迟到早退者，须经审查后授予全勤奖。其奖励方式系于公司成立纪念日时，颁发奖品。

第二章　奖励方式

第七条　方式

奖励方式分奖金、奖状及奖品3种。

第八条　奖金及奖状

对创造奖及功绩奖，按下列等级授予奖金及奖状。

（1）创造奖。

一等	10000元
二等	7000元
三等	5000元
四等	3000元
五等	1000元

（2）功绩奖。

一等	3 000元
二等	2 000元
三等	1 000元

第九条 奖品

对服务年资奖授予奖品及奖状，奖品内容另订。

第十条 再奖励

员工有下列情形之一者，给予再奖励。

（1）根据第四条接受奖励后，其效果被评定为更高时，或同一人对同一事项再施予改良时。

（2）被授予“其他奖励”后，其效果或功绩被评定为更高时，或同一人对同一事项再施予改进时。

（3）根据第五条接受奖励后，其功绩经重新评定为更高时。

第十一条 由2人以上共同获得奖金的情形

奖励事项如为2人以上共同合作而完成者，其奖金按参加人数平均分配。

第三章 颁 奖

第十二条 审查手续

应奖励事项，由主管部（室）经理依据有关文件向总务经理申请。

第十三条 员工奖励审查委员会

奖励种类及等级的评定，由员工奖励审查委员会负责办理。审查委员会由副总经理担任主任委员，企划经理、总务经理、业务经理、财务经理、事务经理担任委员。以总务部为主办单位。

第十四条 奖励的核定及颁发

由总经理室决定奖励的核定及颁发。

第十五条 颁奖日期

原则上每年1次，于本商场成立纪念日颁发。

第四章 附 则

第十六条 本办法经董事会通过后公告实施，修改时亦同。

十五、员工惩罚区分

对商场员工惩罚的方式有警告、记过、除名3种方式。

警告满3次以记过1次论，记过满3次以记大过1次论，记大过满3次报经主管经理核准即行除名。

商场员工有下列情况之一者予以除名：

（1）利用商场名义在外招摇撞骗者。

（2）携带违禁品入场者。

（3）不小心火烛以致肇祸者。

（4）在请假期内未经公司同意擅往他处工作者。

（5）一个月内累计无故旷工在6天以上或连续无故旷工3天以上者。

（6）扰乱安宁秩序或聚众捣乱商场情节严重者。

（7）无故侮辱或殴打同事情节严重者。

（8）在商场内殴人致重伤者。

（9）偷窃商场内一切公私物件者。

（10）侮辱商场主管人员事实确凿者。

（11）泄漏本商场业务或技术秘密者。

（12）在商场内赌博或饮酒者。

（13）在商场内发生有伤风化的行为者。

（14）受刑事处分确定者。

十六、员工聘用规定

第一条 为加强本商场员工队伍建设，提高商场员工的基本素质，特制定本规定。

第二条 本商场所有员工分为两类：正式员工和短期聘用员工。

正式员工是本商场员工队伍的主体，享受商场制度中所规定的各种福利待遇。短期聘用员工指具有明确聘用期的临时工、离退休人员以及少数特聘人员，其享受待遇由聘用合同书中规定。短期聘用员工聘期满后，若愿意继续受聘，经商场同意后可与本商场续签聘用合同。正式员工和短期聘用员工均应与本商场签订合同。

第三条 本商场各级管理人员不许将自己亲属介绍、安排到本人所分管的企业里工作，属特殊情况的，需由董事长批准，且介绍人必须立下担保书。

第四条 本商场各部门和各下属必须制定人员编制，各部门用人应控制在编制范围内。

第五条 本商场需增聘员工时，提倡公开从社会上求职人员中择优录用，也可由内部员工引荐，内部引荐人员获准聘用后，引荐人必须立下担保书。

第六条 从事管理和业务工作的正式员工一般必须满足下述条件：

（1）不低于中等文化程度。

（2）2 年以上相关工作经历。

（3）年龄一般在 35 岁以下，特殊情况不超过 45 岁。

（4）外贸人员至少精通一门外语。

（5）无不良行为记录。

特殊情况人员，经董事长批准后可适当放宽有关条件，应届毕业生及复员转业军人需经董事长批准后方可考虑聘用。

第七条 所有应聘人员除董事长特批可免予试用或缩短试用期外，一般都必须经过 3～6 个月的试用期后，才可考虑聘为正式员工。

第八条 试用人员必须呈交下述材料：

（1）由商场统一发招聘表格，并按要求填写。

（2）学历、职称证明。

（3）个人简历。

（4）相片 2 张（近期）。

（5）身份证复印件。

（6）体检表。

（7）结婚证、计划生育证或未婚证明。

（8）面试或笔试记录。

（9）员工引荐担保书（由公司视需要而定）。

第九条 试用人员一般不宜担任经济要害部门的工作，也不宜安排具有重要经济责任的工作。

第十条 试用人员在试用期内待遇规定如下：

（1）基本工资待遇：

高中以下毕业：一等

高中或中专毕业：二等

大专毕业：三等

本科毕业：四等

硕士研究生毕业（含获初级技术职称者）：五等

博士研究生毕业（含获中级技术职称者）：六等

（2）试用人员享受一半浮动工资和劳保用品待遇。

第十一条 试用人员经试用考核合格后，可转为正式员工，并根据其工作能力和岗位重新确定职级，享受正式员工的各种待遇；员工转正后，试用期计入工龄。试用不合格者，可延长其试用期或决定不予聘用；对于不予聘用者，不发任何补偿费，试用人员不得提出任何异议。

第十二条 商场正式员工可根据其工作业绩、表现以及年限，由商场给予办理户口调动。

第十三条　商场各类人员的正式聘用合同和短期聘用合同以及担保书等全部材料汇总保存于商场人事部，由上述两个单位负责监督聘用合同和担保书的执行。

十七、劳动合同

劳动合同书的编撰，可根据企业与员工的具体情况而定（见样本）。一般说来，劳动合同书应包括以下内容：

（1）合同双方称呼（单位名称与员工姓名），员工所在部门、工种及职务等。

（2）合同的有效期。

（3）员工的工作时间、岗位职责及应遵守的有关准则等。

（4）员工可享受的各项待遇，如薪酬、假期、医疗福利、劳动保险、工伤劳保等。

（5）员工如违背合同应该受到的处罚及程序，包括解约、辞退、开除等。

（6）合同必须由员工亲笔签署或盖章，企业代表签章（一般由商场人事培训部经理为代表），并加盖人事培训部印章及注明签约日期才可生效。有的商场为表明劳动合同的法律约束作用，在双方签署后，交由政府法律公证处公证或经由企业最高权力机构及主管部门或劳动局批准后，一式两份，由商场人事培训部及员工本人各执一份。

劳动合同

甲方：

名称：＿＿＿＿＿＿＿＿　地址：＿＿＿＿＿＿＿＿

乙方：

姓名：＿＿＿＿＿＿＿＿　性别：＿＿＿＿＿＿＿＿　文化程度：＿＿＿＿＿＿

现居住地址：＿＿＿＿＿＿＿＿＿＿＿　身份证号码：＿＿＿＿＿＿＿＿＿＿

甲方现因经营需要，招聘乙方为本单位员工。

根据《中华人民共和国劳动法》《中华人民共和国劳动合同法》及国家有关法律法规，甲乙双方经平等协商，自愿签订本合同，共同遵守本合同所列条款。

第一条　合同期限

本合同为固定期限劳动合同。合同期自＿＿＿年＿＿月＿＿日起，至＿＿＿年＿＿月＿＿日止。

第二条　工作内容和工作地点

1. 乙方同意根据甲方的工作安排，担任________岗位（工种）工作。

2. 甲方根据经营情况和乙方工作业绩能力表现，可以变更或调整乙方的职位和工作内容，乙方应当服从。

3. 乙方应按照甲方的要求，按时完成规定的工作数量，达到规定的质量标准。

第三条　工作时间和休息休假

1. 乙方实行标准工时制，甲方安排乙方每日工作时间为八小时。

2. 甲方由于生产经营需要，经与乙方协商后可以适当延长工作时间。

3. 甲方实行国家规定的休假制度。乙方因个人原因需要额外休假的，按事假处理。事假为无薪假，事假以天或小时为计算单位。

第四条　劳动报酬

1. 乙方月工资为人民币__________元整（税前）。乙方的个人所得税由甲方代扣。如甲方的工资制度发生变化或乙方工作岗位变动，按新的工资标准确定。

2. 工资分配遵循按劳分配原则。甲方每月 15 日以货币形式支付乙方上月工资，遇节假日可以微调发薪日期。

3. 甲方根据实际经营状况、规章制度对乙方进行考核，甲方将根据乙方的业绩、能力和表现适时调整乙方的工资和奖金。

4. 甲方根据工作需要安排乙方加班，应依法安排乙方补休或按规定支付报酬。

第五条　社会保险与福利待遇

1. 甲方保证为乙方提供必要的食宿条件。

2. 甲乙双方应按国家和市社会保险的有关规定交纳职工养老、失业、医疗、工伤等社会保险费用。其中单位应缴部分由甲方缴纳，个人应缴部分由乙方缴纳，甲方可从乙方工资中代为扣缴。

3. 乙方患病或非因工负伤的医疗待遇按照国家和地方有关政策规定执行。

4. 乙方工伤待遇按国家和地方有关政策法规规定执行。

5. 乙方在孕期、产期、哺乳期内等各项待遇，按照国家和地方有关生育保险政策规定执行。

第六条　劳动纪律

1. 甲方依法规定的各项规章制度应向乙方公示。

2. 乙方应遵守甲方依法制定的规章制度；履行所从事职位的职责；服从甲方的工作安排；遵守工作规范；按时上下班。

3. 乙方违反劳动纪律，甲方可依据本单位规章制度的规定，给予扣发薪资等相应的处分，直至解除劳动合同。

第七条　合同的变更、解除、终止、续订

1. 订立本合同所依据的法律、行政法规及规章发生变化时，本合同相关内容亦相应变更。

2. 订立本合同所依据的客观情况发生重大变化，致使本合同无法履行的，经甲乙双方协商同意，可以变更本合同相关内容。

3. 经甲乙双方协商一致，本合同可以解除。

4. 乙方有下列情形之一，甲方可以解除本合同：

（1）严重违反甲方劳动纪律或甲方依法制定的规章制度的；

（2）严重失职，营私舞弊，给甲方造成重大损害的；

（3）同时与其他用人单位建立劳动关系的；

（4）以欺诈、胁迫的手段或者乘人之危，使甲方在违背真实意思的情况下订立或者变更劳动合同的；

（5）被依法追究刑事责任的。

5. 下列情形之一，甲方可以解除本合同，但应提前三十日以书面形式通知乙方：

（1）乙方患病或者非因工负伤，在规定的医疗期满后不能从事原工作，也不能从事由甲方另行安排的工作的；

（2）乙方不能胜任工作，经过培训或者调整工作岗位，仍不能胜任工作的；

（3）劳动合同订立时所依据的客观情况发生重大变化，致使劳动合同无法履行，经甲方与乙方协商，未能就变更劳动合同内容达成协议的；

（4）法律法规规定的其他情形。

6. 乙方可以单方面解除劳动合同，但应当提前三十日以书面形式通知甲方。

7. 有下列情形之一的，甲乙双方劳动合同终止：

（1）劳动合同期满的；

（2）乙方开始依法享受基本养老保险待遇的；

（3）乙方死亡，或者被人民法院宣告死亡或者宣告失踪的；

（4）甲方被依法宣告破产的；

（5）甲方被吊销营业执照、责令关闭、撤销或者甲方决定提前解散的；

（6）法律、行政法规规定的其他情形。

8. 本合同期满后，甲乙双方经协商同意，可以续订劳动合同。

第八条　违约与赔偿

1. 甲方违反本合同约定的条件解除劳动合同或由于甲方原因订立的无效劳动合同，给乙方造成损失的，应按损失的程度依法承担赔偿责任。

2. 乙方提出提前解除合同申请，经甲方批准后，应在规定期限内办理离职手续。

3. 乙方违反本合同约定的条件解除劳动合同，不辞而别，或者辞职未提前一个月以书面通知或未在规定期限内办理离职手续，除以其最后一个月的全部收入作为赔偿金外，应按其给甲方造成的损失程度依法承担赔偿责任。

4．乙方不服从甲方的工作安排或拖延工作时间的，除非甲方认为有充分合理的理由，否则视为乙方辞职，甲方可通知乙方办理离职交接手续。

第九条　劳动争议处理

甲乙双各方因履行本合同发生的劳动争议，当事人可以向本单位劳动争议调解委员会申请调解；不愿调解或调解不成，当事人一方要求仲裁的，应当自劳动争议发生之日起六十日内向劳动争议仲裁委员会申请仲裁。当事人一方也可以直接向劳动争议仲裁委员会申请仲裁。对裁决不服的，可以向人民法院提起诉讼。

第十条　其他

1．甲方的各项规章制度及员工手册，均为本合同的附件，与本合同具有同等效力。

2．本合同未尽事宜或与今后国家有关规定相悖的，按有关规定执行，其他事项由双方协商解决。

3．本合同一式两份，甲乙双方各执一份。

甲方（盖章）：　　　　　　　　　　　　　　　乙方：

或委托代理人：

日期：　　　　　　　　　　　　　　　　　　　日期：

十八、任职同意书

任职同意书

立同意书人________今同意在本商场担任____________一职，坚决遵循商场规章及办事规则，如任职期间违反商场规定及有关规章规则，愿受商场合理处分，若因侵占公司财物、货款或疏忽使商场蒙受财务或信誉损失，愿受法律制裁或适当处分。

此致

________________商场

同意人

______年_____月_____日

十九、员工培训制度

1. 员工培训的原则

（1）理论与实际相结合，在搞好职工专业技能等实践方面的培训后，不能忽视对其提高理论水平的培训。

（2）因人而异，因材施教。

（3）近期目标与长远目标相结合。

2. 培训目的

（1）提高员工队伍素质和商场管理水平。

（2）挖掘企业潜力，提高经济效益。

3. 组织领导与任务

在党委、总经理室领导下，劳动人事部负责具体员工培训工作的实施。

其培训任务为：

（1）各类专业技术人员业务的培训与考核。

（2）各级行政管理人员的培训与考核。

（3）新职工岗前的培训与考核。

（4）干部任职前的培训与考核。

（5）特殊专业外出学习、取证工作管理。

（6）其他临时性培训任务。

4. 培训内容

（1）政策、法规教育。

（2）专业技术理论、知识技能和本岗实际操作教育。

（3）管理理论知识、工作方法及相关的业务知识教育。

（4）其他专项教育内容。

5. 培训方式

（1）长期脱产培训（3 个月以上）。

（2）短期脱产培训。

（3）业余培训。

6. 审批程序

（1）本商场原则上严格控制长期脱产培训人员，若确实因工作需要，必须填写外出培训审批表，经主管经理同意批准，劳动人事部备案。

（2）主要用于上岗前的短期脱产培训，由劳动人事部与主管经理协商后实施。

（3）业余学历培训，企业不负担各项支出。培训人员需在劳动人事部备案。

7. 培训期间的待遇

（1）长期脱产培训人员的学费由企业负担，其工资、福利不变。学习期间不享受奖金。

（2）短期脱产培训人员的待遇与在职员工一样。

（3）没有经批准利用工作时间外出学习的人员，一律按旷工处理。

8. 培训档案与合格证书

（1）劳动人事部建立员工培训档案，为员工的晋升、使用提供参考依据。

（2）劳动人事部对参加培训人员，经考核合格者发放证书，不合格者按商场劳动管理的有关制度执行。

二十、员工训练方法

不同的训练方法其目的不同，进行的方式也不同。多样性的训练方式有助于训练目标的达到。

为了使商场员工达到最佳的训练成果，下面就各种训练方法逐一介绍，不妨参考。

1. 分组讨论

分组讨论是指人数较少的讨论方式，小组的人数最好在5~10人。

小组讨论主题的选择方式有两种：

（1）狭窄主题模式：指主题直接与短程学习目标有关，例如，“刚才主讲者所说的内容，如何运用在我们自己的工作上?”

（2）主要范围不限制模式：在此模式下，要求参与者自行规定主题的范围，或自行为较大部分的整体学习确立日程表。

2. 单项工作检查表

“单项工作检查表”是一种印好的工作说明书，它可以让一位初学者有追寻的轨迹，依样去做，按部就班，可使失误减至最少。

3. 脑力激荡

脑力激荡是一种组织相当松散的讨论形式（有时称为自由讨论），强调创造性思考，而非实际分析。其方式是受训练人员就任何一个设定的主题尽量出点子，而不需考虑这些点子是否实际，需把所想的点子全部记录下来。

这是一种高度参与的讨论，每位成员对结论均有所贡献，经常共同讨论比单独思考有更好的成效。

脑力激荡训练方式的秘诀是：

（1）让所有参与者加入最后解决问题的过程。

（2）需设定人数，人数过多时，应予分组，使其彼此竞争。

4. 临床实验

临床实验是一种会议，目的在于分析若干特殊问题的解决处理方法。此法的重点是：

（1）必须处理参与者认为实际且跟本身工作有关的问题。

（2）准备好参与者投入所需的时间，此段时间应包括精确辨认问题阶段和寻求改善状况所采取的可能行动方案的时间在内。

（3）在确认问题、成因和行动计划三者之间，做有效、均衡的时间分配。

5. 专家讨论

此训练方式是研讨会、自由讨论或研究会议等活动的一部分。本训练方法的重点是：

（1）提供观众向“专家”询问与反映的机会。

（2）维持相当小的团体规模（最多20人左右）。

（3）指定一位秘书记录发言要点，以便日后有成员要求分析资料时有记录可供参考。

（4）座谈开始后，严禁任何人进入房间。

6. 研讨会

研讨会系针对一个主要的问题，规划行动方针，调整差异而举行的集会。为达效果应在讨论时分小组，以使每位受训人员均有参与的机会。

7. 个人经验分析

个人经验分析是用来分析造成行为与认知改变的事件。方法是：

（1）学习者必须把精神贯注在这些重要事件上，就较大的经验范例，做综合归纳。

（2）参加者自行搜集或由他人提供的经验，以便假想他们面对的是一样的危机。

（3）这些事件必须切合实际，而且跟他们本身的工作相关。

8. 个案研究

个案研究是利用书或影片，将实际或想象的情况，用相当详细的方式描述出来。个案可能探讨一个完整的活动，但通常都集中在活动中的某个层面，与训练目标是相关的。

个案研究的训练方式及其注意重点：

（1）提供阅读时间，以便对基本问题作出纲要与集体分析。

（2）学员一起研读个案，要求大家一起来为这个个案的事实予以分类，然后将学员分为几个小组进行分析；在预计的讨论时间结束时，再度集合小组，以便比较各小组的决策与建议。

9. 自由讨论

自由讨论是受训人员之间的对话，目的在于更接近训练目标。它比一般的社交谈话有着更多的限制条件——即主席、团体所需达成的特定目标、时间限制、事先安排好的议程。自由讨论的方式有：座谈、代表讨论会、问答会。

自由讨论的优点是：受训人员能够主动提出问题，表达个人的信念与感受，并把目前的看法化为言辞。

自由讨论的训练方式其重点是：

（1）用问题、评论、讲演或讨论来弥补不足的部分。

（2）在下列情况下，讨论才能达成效果：

①学习目标是由认识领域（情感、兴趣、价值观）中衍生出来时。

②学习目标属于观念性质时。

③学习者在接受或了解观念上可能有困难时。

（3）安排座位时，尽可能提高非言语的沟通。例如：正方形桌子就比狭长的桌子好。

（4）安排主持者坐在容易看见（不必显眼）的位置。

（5）安排座位时，应考虑下列几点：

①把先前已形成的小集团或利益团体的成员打散。

②如果讨论分成好几次，把成员在室内的位置调动一下。

③注意每个成员的身体限制（听力、视力），把有这类限制的成员安排在主持人附近，此时主持人扮演着“协助者”的角色。

（6）如有“协助者”，这位“协助者”也应接受主持技巧的训练，即：

①如何提出开放式的问题？

②如何提出直接问题？

③如何反应？

④如何决定上述行为的时机？

⑤如何加强沉默参与者的投入，并矫正过于多话的成员？

（7）每次讨论要建立明确的目标，并让每一位参与者了解这些目标。

（8）确立并宣布讨论的时间限制。

（9）宣布附属事项或附属主题的时间限制。

（10）遵守时间限制。

（11）告诉讨论团体时间利用的细节，以便参与者能专注于主题，注意本身投入的适当与否。

（12）在大家看得到的地方，公布议程表（可以看出时间限制），并于每一阶段结束时总结进度。

（13）记录哪些人意见一致，哪些人意见相左。发问时，利用这些资料，使讨论更为活泼、有趣。

10. 现场参观

现场参观就是率领团体到提供实景、声音、设备或作业的环境去观摩。

现场参观训练方式的秘诀是：

(1) 参观前，先向受训人员做简报，并拟妥行程表，让他们有所期待。

(2) 讲师对于所要参观的东西、参观的地点，应该由谁说明等事项，必须慎重做好计划。

(3) 如果由讲师以外的人向团体讲述，他们必须明确了解此行的目的、时间的长短与参观的确切目标。

11. 座谈

座谈是讨论的一种形式，任何参与者随时都可以发言。

座谈训练方式的秘诀是：

(1) 参与者均可自由发言。

(2) 设一主持人，其角色是维持座谈的主题。

(3) 主持人的基本原则是力求任何成员都能畅所欲言地表达他们的观点。

(4) 主持人的控制功能在于保护个别成员的权利并在发言偏离主题时，要求发言者针对主题发言。

12. 调查分析

事件调查分析是个案研究的一种变化方式，它利用个人、小组或团体的分析，揭示该案的重要事实。参与者必须提出适当的问题，才能获得重要资料。

13. 竞赛游戏

竞赛游戏通常是一种模拟，但它比模拟增加了：

(1) 几个团队间进行相同的模拟竞争。

(2) 个人或团队寻求正确的答案。

(3) 兼具上述二项。

竞赛游戏训练秘诀是：

(1) 须有正确的答案，供个人或团队对比其反应。

(2) 这些答案必须是参与者认为合理的。

(3) 这些答案须有助于洞察竞赛游戏所预计产生的结果。

14. 角色扮演

角色扮演是一种计时练习，受训人扮演假想角色，并把其当做真实状况来处理。它可应用于：

(1) 管理与督导的训练。

(2) 沟通训练（特别是强调撰写技巧的沟通训练）。

(3) 解决问题的训练计划。

（4）训练开始前的诊断。

角色扮演训练方式的重点是：

（1）宣布练习的时间限制。

（2）强调参与者实际作业。

（3）使每一事项都成为一种不同技巧的练习。

（4）确保每一事项均能代表训练计划中所教导的行为。

15. 单项工作训练

单项工作训练是指完整地教导受训者做事的方式，其目的在于引起学习者的兴趣，使学习者在正确的位置，观察下一个步骤。在实际作业的示范时切记要：

（1）叙述、示范与说明。

（2）一次只提示一个步骤。

（3）强调重点。

（4）重复练习并摘要说明整个作业。

在试验操作时：

（1）要求学习者实际操作。

（2）注意观察操作情况，记录重点。

在检查与追踪时：

（1）强化做对的事。

（2）不合格时须反复练习。

单项工作训练法可应用于：

（1）所有操作性的工作。

（2）需要特殊顺序的任务。

（3）训练受训人员适应方法上的变化。

单项工作训练方式的重点是：

（1）鼓励学习者随时反馈。

（2）试验阶段不要干预学习者的行为。

（3）受训人员尽量减少。

16. 讲演

讲演是演讲人对受训人员作出的有组织性的口头陈述，期望这些受训人员能记住讲演中的重要观念与特定知识。

17. 模拟

模拟是利用一种业务状况作为模式进行的训练。此训练方式的重点是：

（1）以适用 2 组 ~6 组的受训人数为基准。

（2）使每位参与者均能加入小组的决策过程。

（3）须减少决策时间，并增加小组成员。

18. 范例

范例是以一典型或设计过的案例，作为受训人员分析讨论的基础。参与训练者可对讲师所提出的范例加以讨论、评估并提高自己的观念与标准。

19. 工作研讨

工作研讨是一种集会，它强调自由讨论，实际方法、技术以及原则的运用。其要领是：

（1）其重点是在合作与学习的气氛下进行研讨。

（2）参与者期望在研讨中不仅能了解观念，也可以获得实际生活中的经验。

（3）在主管工作研讨会中，参与者可提出运用于面谈的问题，或做出定期评估属下绩效的评估表。

工作研讨训练法可运用于：

（1）各种管理技术的发展。

（2）讲师训练。

（3）改善现有技术时。

（4）对在职者提供后续与强化训练时。

（5）为商场新进人员提供密集式教育时。

20. 示范

示范是通过演讲人或影片对实例的演示或解释，以显示某种事物的完成过程。

示范训练的秘诀是：

（1）示范的基础在于口头解释与视觉教具间的有效配合。

（2）可利用示范小组的方式实施（若干人示范表演一种程序或事件，让全班学员观看）。

（3）示范可应用于面谈、销售拜访与辅导。

示范训练的重点是：

（1）示范开始前，备好所有的用具，并摆放整齐。

（2）受训人员在参加示范前须先检查所有设备的运作状况。

（3）确定每个受训人员能看清楚示范物。

（4）确定受训人员看物品时的位置和工作时看物品的位置相同。

（5）示范完毕后，让每个受训人员试一试。

（6）将整个示范过程分成几个动作，在每个动作完成后，要求受训人员立即试做。

（7）对每个受训人员的试做，立即给予积极的反馈。

二十一、行政人员月度考勤综合表

行政人员月度考勤综合表

部门：　　　　　　　　　　　　　　　　　　　　　　填表日期：　年　月　日

姓名	出勤情况				
	旷工（天）	出勤（天）	其他缺勤（天）	共应扣薪资（元）	备注

说明：1. 事假1天扣5元，事假超过10天不发劳务费、季度奖、奖励工资；事假超过一个月按上级规定处理

2. 病假满一个月扣发劳务费、季度奖、奖励工资

3. 旷工期间停发基本工资，不发劳务费、季度奖、奖励工资

4. 本表一式三份（一份人事处备案，一份交本部门留存，一份自存）

制表部门：　　　　　　　　　　　　　　　　　　　部门领导签字：

二十二、行政人员考勤记录表

行政人员考勤记录表

部门： 考勤月度： 年 月

序号	姓名	日期															本月合计	
		1	2	3	4	5	6	7	8	9	10	11	12	13	14	…	旷工	出勤
1																		
2																		
3																		
4																		
5																		
6																		
7																		
8																		
9																		
10																		
11																		
12																		
13																		
14																		
15																		
16																		
17																		
18																		
19																		
20																		
单位负责人签字																		
记录符号		出勤画“✓”，缺勤画“×”																

制表部门： 填表人：

二十三、值班人员排班表

值班人员排班表

值班部门：　　　　　　　　　　　　　　　　　　　　制表日期：　　年　月　日

日期	值班人员姓名	值班地点
星期一		
星期二		
星期三		
星期四		
星期五		
星期六		
星期日		
备注		

制表部门：

二十四、员工出勤统计日报表

员工出勤统计日报表

填表日期： 年 月 日

<table>
<tr><td>报送部门</td><td></td><td>部门负责人</td><td></td></tr>
<tr><td>部门人数</td><td colspan="3"></td></tr>
<tr><td colspan="4">部门日出勤状况</td></tr>
<tr><td>请事假人员</td><td colspan="3"></td></tr>
<tr><td>请病假人员</td><td colspan="3"></td></tr>
<tr><td>请婚假人员</td><td colspan="3"></td></tr>
<tr><td>请工伤假人员</td><td colspan="3"></td></tr>
<tr><td>请产假人员</td><td colspan="3"></td></tr>
<tr><td>请丧假人员</td><td colspan="3"></td></tr>
<tr><td>外出开会人员</td><td colspan="3"></td></tr>
<tr><td>培训人员</td><td colspan="3"></td></tr>
<tr><td>因公出国人员</td><td colspan="3"></td></tr>
<tr><td>合计缺勤人数</td><td colspan="3"></td></tr>
<tr><td>应出勤人数</td><td colspan="3"></td></tr>
<tr><td>备注</td><td colspan="3"></td></tr>
</table>

注：每日上班后一小时内将上一天出勤统计日报表报人事劳动部门。

二十五、个人周工作记录表

个人周工作记录表

姓名：　　　所属部门：　　　　　　　　填表日期：　　年　月　日

日期	工作内容	结果/进度	问题/建议/要求
星期一			
星期二			
星期三			
星期四			
星期五			
星期六			
周工作总结			
本周主要工作（承担的任务、任务下达时间、计划完成时间、本月所处状态）：			
下周工作重点：			
目前存在的问题及合理化建议：			
领导意见：			

制表部门：　　　　　　　　　　　　填表人：

二十六、上级、部属休假跟踪表

上级、部属休假跟踪表

填表日期：　　年　月　日

姓名	是否在家	是否休假	休假时间段	休假地点
备注				

二十七、员工公出单

员工公出单

填表日期：　　年　月　日

<table>
<tr><td>姓　　名</td><td></td><td>部　　门</td><td colspan="2"></td></tr>
<tr><td>职　　务</td><td></td><td>公出时间</td><td colspan="2">自　　年　　月　　日　　时　　分
至　　年　　月　　日　　时　　分</td></tr>
<tr><td>公出地点</td><td colspan="4"></td></tr>
<tr><td>公　　出
事　　由</td><td colspan="4"></td></tr>
<tr><td>审　核
意　见</td><td colspan="2"></td><td>科长批示</td><td></td></tr>
</table>

注：公出人员填表批准后交本单位考勤员，由考勤员上报人事劳动部门。

二十八、加班申请单

加班申请单

填表日期：　　年　月　日

部门	姓名	预定加班时间			加班事由
		加班开始时间	加班结束时间	合计（小时）	

总经理：　　　　主管：　　　　填表人：

二十九、加班记录表

加班记录表

部门：　　　　填表日期：　　年　月　日

日期	加班事由	加班员工	加班起止时间	加班时数	核准人

总经理：　　　　主管：　　　　填表人：

三十、各种休假给假表

各种休假给假表

<table>
<tr><th>假别</th><th>给假天数</th><th>请假原因</th><th>证件</th><th>工资</th><th>说明</th></tr>
<tr><td>工伤假</td><td>18 个月内</td><td>工伤</td><td>主管科长批准及医院诊断书</td><td>照给</td><td>(1) 须总经理核准
(2) 期满未有主管领导批准和医院诊断书而自行继续休工伤假者给予 12 个月停薪留职或强制退休处理</td></tr>
<tr><td>公休假</td><td>公司决定</td><td>按公司规定</td><td>公司规定文件</td><td>照给</td><td>路程所需时间核计在内</td></tr>
<tr><td>事假</td><td>全年 14 天内</td><td>因事必须本人处理</td><td></td><td>照给</td><td rowspan="3">(1) 请事假一次不可超过 5 天
(2) 请假期间如含休例假应合并计算
(3) 事假超过 14 天部分不再全额发给工资，而要按公司规定比例扣发工资</td></tr>
<tr><td>病假</td><td>全年 50 天内</td><td>因病治疗及休养</td><td>医院诊断书</td><td>照给</td></tr>
<tr><td>婚假</td><td>7 天</td><td>本人结婚</td><td>结婚证</td><td>照给</td></tr>
<tr><td>产假</td><td>8 周</td><td>本人分娩前后</td><td>医院证明</td><td>照给</td><td></td></tr>
<tr><td rowspan="2">路程假</td><td>1 天</td><td>单身调动</td><td rowspan="2">人事调动通知单</td><td rowspan="2">照给</td><td rowspan="2"></td></tr>
<tr><td>2 天</td><td>带家眷调动</td></tr>
<tr><td>备注</td><td colspan="5">①全年可以请事病假计算天数，均由每年一月一日起至十二月三十一日止，中途到职者或中途离职者其事、病假按月份比例计算
②本企业全年节、假日放假，按国家有关规定处理</td></tr>
</table>

制表单位：公司人事劳动部

三十一、员工请假单

员工请假单

填表日期：　　年　月　日

<table>
<tr><td>部门</td><td></td><td>班组</td><td></td><td>班次</td><td></td></tr>
<tr><td>姓名</td><td></td><td>岗位</td><td></td><td>工种</td><td></td></tr>
<tr><td colspan="6">请假种类
□事假　□病假　□丧假　□婚假
□工伤假　□产假　□特休假　□其他假</td></tr>
<tr><td colspan="6">请假期间
自　月　日　时至　月　日　时止，共　日　时</td></tr>
<tr><td colspan="6">请假事由：</td></tr>
<tr><td colspan="6">领导批示</td></tr>
<tr><td>部门领导签字</td><td colspan="5"></td></tr>
<tr><td>人事部门领导签字</td><td colspan="5"></td></tr>
<tr><td>公司领导签字</td><td colspan="5"></td></tr>
</table>

三十二、请假审批表

请假审批表

填表日期：　　年　月　日

姓名		员工编号		职位		所在部门	
请假类别	□事假　□病假　□公假　□其他						
请假时间							
请假证明							
主管领导签字							

三十三、单位员工请假统计表

单位员工请假统计表

统计日期：　月　日至　月　日

日期		单位名称	请　假　合　计						备注
月	日		事假	病假	公假	婚假	丧假	产假	

制表部门：

三十四、员工公休假期通知单

员工公休假期通知单

编号：

姓名		年龄		入职时间	
住　址				联系电话	
所属单位					
休假日期					
人事劳动部门意见					
总经理意见					

公休假期通知单

________部（室）：

兹有________同志享受公假共计________天，从________年________月________日起至________年________月________日止。

（假期内不影响全勤评奖）

行政人事部

年　月　日

三十五、探亲假申请表

探亲假申请表

填表日期：　　年　月　日

申请人姓名		所在单位	
申请人参加工作时间	年　月　日	申请人本企业工龄	
请假事由			
请假时间	由_____年_____月_____日至_____年_____月_____日止，共_____天。 说明：____		
探亲地点			
本部门意见：____________________________________ ______签章　日期______ 人事部门意见：__________________________________ ______签章　日期______ 总经理意见：___________________________________ ______签章　日期______			
备注			

制表单位：

三十六、员工请假申请表

员工请假申请表

病假□ 事假□ 婚假□ 丧假□ 公假□ 补休□ 年假□

部门		姓名		入职时间		性别	
请假理由	签名： 年 月 日						
班组意见	签名： 年 月 日						
部门意见	签名： 年 月 日						
人事部门意见	签名： 年 月 日						
总经理意见	签名： 年 月 日						

三十七、缺勤累计表

缺勤累计表

部门：　　　　　　　　　　　　　　　　　　　填表日期：　　年　月　日

月份	事假天数		病假天数		其他缺勤天数		总缺勤天数	
	批准	未批准	证明	未证明	批准	未批准	数量	比例
一月								
二月								
三月								
四月								
五月								
六月								
七月								
八月								
九月								
十月								
十一月								
十二月								
合计								

制表单位：　　　　　　　　　　　　　　填表人：

第三章　零售企业信息策划管理制度与表格

一、信息管理办法

1. 总则

信息管理是本公司的基本管理制度，是公司正确决策的前提和依据。为使公司的信息管理规范化、系统化，特制定本办法。

2. 管理原则和体制

（1）公司按集中与分散结合、纵向与横向结合的原则建立信息管理系统。

（2）公司级信息管理由公司信息部统筹和协调。各部门负责各职责范围内的信息管理工作。

3. 管理分工和内容

（1）综合信息系统由信息部负责。主要范围为国家、地方法律法规、政策文件，国家、地方社会经济、科技发展动态、本公司及上级企业经营管理规划，公司整体规划、计划及有关综合统计汇总信息、材料，公司订阅的图书、报纸、杂志资料。

（2）行政信息系统。由行政部负责，主要范围为地方政府、上级企业文件、指示，公司各类公文、来函、来电记录，办公用品功能和市场价格，车辆运行、维修及消耗情况。

（3）人事信息系统。由人事部负责，主要范围为国家、地方劳动人事，工资福利，社会保障政策，人才市场信息，人事、工资档案，以及人员培训、考核、考勤等人事执行情况。

（4）财务信息系统。由财务部负责，主要范围为国家财务、会计、税收、利率、汇率制度、政策。上级、本公司和下属企业财务报表，资金使用状况，国家通用的会计、审计、税收惯例、准则，公司融资、社会资金走向，金融、货币、财政信息。

（5）其他信息系统。根据实际情况可由各部门建立。

4. 信息处理程序

信息处理流程包括信息的收集、加工、传递、贮存、使用等几个环节。

5. 信息收集来源

（1）公司内部各部门已有的生产、经营、管理活动所记载的信息。

（2）公司外部公共图书、情报信息机构收集的信息。

（3）通过社会调查、外出考察获得的专题信息。

6. 信息收集的媒体

（1）统计报表；

（2）报纸、期刊；

（3）年鉴；

（4）书籍；

（5）论文与报告；

（6）原始记录和文件；

（7）互联网与局域网。

7. 信息收集方式

（1）原件；

（2）剪贴复印；

（3）文摘卡片；

（4）简录。

8. 信息的加工

（1）筛选。围绕公司的中心工作、对参考价值大、有前瞻性和启发作用的信息进行选择。

（2）鉴别。核实和查证，去伪存真，衡量效用。

（3）分类。按单位需要分类。

（4）综合。对信息进行定性定量分析，对其进行编辑和研究。

9. 信息加工的媒体

（1）文字。

（2）表格。

（3）图式。

（4）影像、录音。

10. 信息传递

（1）传递方式：

①空间传递。通过阅读、宣传、会议、电话、邮政网络等传递信息。

②时间传递。通过写字、印刷、影像、录音等媒体随时间流逝而传递。

（2）传递方向：

①公司内部传递。在公司内自上而下、自下而上、平行、交叉传递信息。

②公司外传递。

（3）传递时间：

各种信息传递可规定其时限。

11. 信息的存储

（1）建立信息档案。

（2）信息存储电子化，即运用计算机信息管理系统技术。

12. 信息的使用

（1）为领导决策服务，即信息自下而上的传递，提供决策依据、素材。

（2）为贯彻公司各部门日常经营管理事务服务，即信息自上而下的传递。

（3）为公司各部门日常经营管理事务服务，由各个信息系统自行使用信息或上下传递。

（4）为公司协调工作服务，即信息平行传递。

（5）为特定的咨询问题服务。

（6）为适应上级领导部门和有关部门需要服务。

（7）为公共关系目的服务。

13. 信息的反馈

建立信息反馈机制，评估信息管理效果、效率，改进信息管理作业。

（1）建立信息管理保密制度，制定信息管理流程的权限和责任体制。

（2）信息系统需要投资，耗费人力，公司建立信息系统需要在完备性、先进性、现代性、适用性、效果性间权衡。

（3）信息系统建立本着一次规划、分步实施原则，高起点计划，逐步由小到大实现现代化、正规化。

14. 附则

（1）本制度未尽事项，依其他办法、规定配套使用。

（2）本制度由信息部门解释、补充、执行，经公司领导办公会议批准颁行。

二、市场营销情报报告制度

第一条 本公司业务人员应对《客户情报报告书》的各个项目深入理解，搜集有效情报及时向上级报告

第二条　报告的种类

报告的种类有日常报告、紧急报告、定期报告三种。

第三条　报告的方法

报告的方法有当面口述或用电话，或依照《客户情报报告书》的有关规定进行。

第四条　将客户的类别分为甲、乙、丙三个等级。

第五条　客户的信用状况以公司的“信用”划分，即甲等级的为较佳的信用状态；乙等级的为普通的信用状态；丙等级的为信用状况较差，主要包括以下几类：

（1）尚欠账款达×万元以上并在甲等级以外的公司。

（2）尚欠账款达×万元或以下的公司。

（3）从业人员20人以下的小公司。

（4）曾经有信用问题的公司。

（5）业界评判不佳的公司。

（6）新开发客户。

甲等级“业界的一流公司”及乙等级“大多数的优良客户”，不由业务人员来做判断，而由营业主管来进行分级。

第六条　日常报告

日常报告要以《客户情报报告书》的各项准则实行。

第七条　紧急报告

公司业务员要依据情况尽可能以最迅速的方法对拒付或支票的延期要求等紧急情报向公司报告。

第八条　定期报告

业务员要依照甲、乙、丙各等级的分类，及《客户情报报告书》向营销主管定期报告。

定期报告的时间规定为：每半年对甲等级客户报告一次；每季度对乙等级客户报告一次；每月对丙等级客户报告一次。

三、业务单、订单情报管理制度

为了加强管理，便于开展工作，特制定本制度。

第一条　总则

（1）要按照制度所定条例对有关业务单、订单情报的获得、整理、报告等有关事项进行实施。

（2）本制度主要包括获取业务单、订单情报的方针；采用最佳调查方法；情报报告的记录；报告的整理及账目记录；业务单、订单获得的促成及联络；提供情报的奖励制度。

（3）营销企划部门要依照本制度来实施和管理工作。

第二条 订立获取情报的方针

（1）由部门经理负责订立获取业务单、订单情报的方针，全体员工应遵照执行。营业人员要在固定的期间每月汇报一次。

（2）方针实施的要领另行订立，并对营业人员进行培训。

第三条 调查的整理

（1）在进行调查时，要把重要事项记录在一个本上，汇总整理后写成情报报告给销售企划部门。

（2）调查所得资料送交企划部门进行整理。

第四条 调查的处理

（1）企划部门应对各营业单位交来的调查报告认真核查，并要评估报告价值。如果认定其有价值，应据此制订各种销售计划给经营单位。

（2）营业单位在接到销售计划的目标指示时，需要订立日程表并通知其计划日程，以此作为活动基准，而其结果也要经常向销售企划部门报告。

第五条 调查的管理

（1）企划部门要对营业单位的预定日程和实际业绩进行经常性的评估管理工作。

（2）经过审查后，如果对于获得的情报确认其适宜有效，应支付相应费用。

四、综合信息中心负责人工作责任制度

1. 职务

（1）贯彻关于“开发信息资源，服务社会建设”的精神，有目的地组织收集、整理、分析、传递、研究、处理、贮存企业内外有关改革和经营管理、科技进步、群众生活、思想工作等方面的综合信息，为领导决策和各部门应用服务。

（2）根据《工业企业档案管理暂行规定》要求，负责归口管理企业计划统计、经营销售、生产调度、物资供应、财务管理、劳动人事、教育卫生和工会工作等各方面工作所形成的档案，并积极组织档案编研，主动为领导和群众提供服务。

（3）负责组织开展经济技术情报工作，为企业制定经营决策和产品开发方案

提供依据。

（4）组织搞好科技资料图书选购、收藏、介绍工作，为提高企业科学技术素质服务。

（5）归口管理企业照相器材。

（6）负责组织协调企业信息（通讯）网络的工作。

（7）负责组织制（修）订综合信息管理制度。

（8）积极组织开展重大信息的调研活动，努力办好信息刊物，不定期召开信息发布会，及时向企业内外传递、发布有关信息。

（9）积极参加行业、地区及国家经济技术信息网络活动，搞好信息的协作和交流，不断提高企业信息管理水平。

（10）逐步开展对外有偿信息咨询服务活动。

（11）逐步发展与国际上的信息联系。

（12）完成企业领导交办的其他工作。

2. 职权

（1）有权组织信息员收集企业内外各方面的信息。

（2）对所辖信息工作岗位有检查督促权。

（3）有权代表企业参加行业和地区经济技术信息网络活动。

（4）有权组织开展综合信息调研活动，组织召开企业内信息发表会，主持编撰《××信息》刊物。

（5）有权向企业各单位索取有关信息资料，督促按期整理交缴档案。

3. 职责

（1）对收集、整理、传递、贮存、发布的信息的准确性、及时性负责。

（2）对所辖信息岗位工作的质量和安全负责。

（3）对照相器材管理不善，造成丢失、损坏、影响工作负责。

（4）对档案信息资料保管不善，造成丢失、损坏和失、泄密现象负责。

五、业务接洽追踪办法

为充分了解本部门产品的推销情况，分析业务绩效，以及增强各经营部门间横向联系，特制定本办法。

1. 营业目标

（1）各经营部门应按照年度营业计划目标，逐月订立每位营业人员销货目标，并加以控制。

（2）营业人员应将每日接洽业务情况详细填入《业务接洽追踪记录卡》，于次日呈副经理阅。如当日无订货实绩或接洽时，亦必须于三日内呈交一次。

（3）各经营部门的副经理应于每日固定时间，召集营业主管及营业人员依据《业务接洽追踪记录卡》所列情况，开会检讨当日营业情况并加以研究与裁定。

（4）公司各经营部门的营业人员，应同时对有关客户推销公司所有的产品，并联合争取，以达到整体目标。

2．填写记录卡注意事项

（1）客户的姓名、地址、电话等均应详细填入。

（2）工程或货品内容（规格）尽可能详细填入，必要时可附简图或样品，以便研讨。

（3）工程开工、完工或交货日期应注明，以便配合争取业务。

（4）为便于分析及配合争取业务，依工程或产品成交可能性分为A、B、C、D四级。

①A级为成交可能性在80%以上者。②B级为成交可能性在60%以上，并需再加努力及上级主管协助可能成交者。③C级为成交可能性在60%以下，并需长期努力追踪或上级主管协助才能成交者。④D级为各种原因的影响，不能成交者，但需具体分析，可作为改进及研究的参考。

（5）各经营部门所填的记录卡为机密文件，应慎重保管。

3．联络及追踪

（1）营业人员应按记录卡所登记内容，采取持续追踪方式直到争取到业务为止。

（2）营业人员对所接的业务应设法了解已有或可能已与客户发生关系之同一目标竞争者，设法防止其先声夺人，还应探听其人事关系，以备采取策略时作参考。

（3）各级主管除随时指导其所属营业人员采取各种方法获得业务外，每日应按卡上记载情形督促营业人员如期与客户联系。

（4）营业人员外出时应委托同事或主管如有客户外来电话，请代为接听并予记录，以便继续联络。

（5）检讨记录卡内容时，务必商得策划结果。

4．奖惩

（1）按照“责任奖金的计算及分配办法”的规定，发给营业人员责任奖金。计算方法因各企业营业性质不同而分别制定，各部门应公布奖金标准，使营业人员明了，以示激励。

（2）营业人员如销售成绩优异，应按《职工核薪及升迁细则》规定办理，再由各部门主管签报总经理核定从优加薪及升迁，以示鼓励。

（3）如甲部推销乙部的产品，或外界人士及公司同事（不含业务人员）推销公司产品，成交后应照规定发给奖金，其奖金标准由各部门制定核准后公布，以鼓励共同努力开拓业务。

（4）如营业人员连续六个月不能达到营业责任额，应及时调换职务。

5．实施

本办法经呈报总经理办公会议核定后公布实施，修改时亦同。

六、新产品宣传规定

1．通 则

第一条 为充分宣传和推广新产品，保证新产品顺利进入市场，特制定本规定。

第二条 本规定以外的事项，要按《广告管理规定》中相关规定办理。

第三条 新产品的宣传方针，由产品部主管负责制订，并向全体人员讲解，使每一位工作人员都能确实把握基本方针的要点。

第四条 产品部主管需以本月及长期销售计划为基础，制订新产品宣传计划方案，并落实到每一个具体方面。宣传计划内容包括：

（1）选择与确定宣传对象。

（2）确定宣传媒体。

（3）新产品样品的选择、确定与分配。

2．宣传实施方法

第五条 产品部主管刚开发成功的新产品的宣传工作，需要企业各部门与各机构的支持与协作。

第六条 产品部在宣传实施期中，销售部与各营业分店须向产品部提供宣传活动所需的必要资料、样品等。

第七条 各营业分店要协助宣传工作顺利进行，诸如张贴宣传画、印发传单、布置展示厅等等。

第八条 要求各分支机构在指定的时间和地点，配合展开广告宣传活动。

第九条 广告宣传要把握节奏，事先确定步骤。逐渐加强攻势和广告宣传的渗透力，以达到预期目的。

第十条 对大企业尚未控制的地区，应该展开大力宣传，以谋求在该区域内增强影响力。

第十一条 综合运用各种宣传媒介，包括报纸杂志的广告、商店销售现场的宣传、电台电视的广告，必要时还可利用批发商的宣传能力，强化新产品的普及宣传工作。

第十二条 产品进入成长期后，其广告宣传工作可转给广告宣传部执行；但对竞争激烈的产品，则仍需要产品部负责监控，一旦销售收入下降，立即进行广告宣传攻势，以保持在一定的销售水平上。

第十三条 对大宗交易以及大宗交易伙伴，产品部仍有责任作出努力，予以维持。

第十四条 为了提高广告宣传工作的综合效益，产品部应该经常开展下列活动：

（1）以出差方式，巡回各地，与当地老客户保持联系。

（2）不间断地以部门名义和个人名义，诸如寄挂历、送贺年卡、发信等，与客户保持广泛而经常性的联系。

（3）定期不定期开展或参与各种宣传活动，如展示会、博览会、交易会、展销会等。

（4）举办橱窗展示，选择宣传对象，对宣传费用进行预算，对每天的展示成果进行总结，观察顾客在商店行走路线，观察顾客在商店中停留时间，把握本公司商品被询问或打听的频率，听取顾客对广告宣传的反应等。

3. 内勤业务

第十五条 内勤要协助第一线新产品宣传活动，以使其顺利开展。内勤工作包括文书工作、保管产品样本工作、保管物品工作、报告书的处理和归档工作以及客户名单的管理等。

第十六条 内勤组长须按产品部主管的指示，整理新产品业务日报、询问记录，并把结果反馈给各位业务员，以促使他们在工作中反省有无疏漏之处。

第十七条 宣传物品的保管工作。

（1）内勤组对领取与保管各种与新产品宣传有关的物品负有直接责任。

（2）内勤组长必须保证宣传物品的库存供应量，并每月月末向产品部主管报告一次。

（3）内勤组长必须根据库存报表以及季度或月度宣传品需求量预测，向产品部主管提出建议。

（4）内勤组有责任保管和整理账目，包括库存明细账，收发领用台账，分配记录簿，以及宣传品报废台账等。

第十八条 产品样品出纳保管工作。

（1）内勤组对产品样品的出纳保管工作负有直接责任。

（2）内勤组长须每月月末向产品部主管报告新的样品库存情况。

（3）内勤组长须根据库存情况及月、季度预测用量，向产品部主管提出新的样品进货建议。

（4）内勤组长必须对新样品明细账、收发领用台账和分配记录簿进行整理与保管。

第十九条　报告书的整理与保管工作。

（1）内勤组长应及时安排和督促部下，处理新产品业务员在报告书中记载的有关事项。

（2）内勤组长应及时从报告书中寻找重要事项，以及应该作出报告的事项，并将其整理为规范文书，向产品部主管及有关各部主管作出报告。

（3）内勤组应把各报告书汇编成册，加以妥善保管。

第二十条　客户名单编辑工作。内勤组应根据相关文件，以及新产品业务员的报告书，整理汇编客户名单。

第二十一条　其他业务工作。内勤组除了以上规定的业务工作外，还应对新产品有关联络业务妥善处理，如应酬、记录、传达和帮助联系等等。

4. 宣传物品、产品样品处理

第二十二条　产品部主管在每月月末经内勤组长向总公司提出下月度进行新产品宣传所需宣传物品及数量。

第二十三条　产品部主管每月一次，向总公司报告本部门月末各类宣传物品库存情况。

第二十四条　制作的宣传物品办理所规定的手续后，可从各营业分支机构的仓库，转存入本公司的仓库，并由内勤组负责保管。

第二十五条　宣传物品如何在各地区、各业务员之间进行分配，由产品部主管决定。

第二十六条　在紧急状态下，产品部主管如果认为确有必要，可与营业分支机构负责人商议，由分支机构来制作宣传所需要的物品。

第二十七条　其他扩大宣传所必需的物品，也可由产品部主管决定，由营业分支机构制作。

第二十八条　每月所需要的试用品、试销品及其数量，也必须事先向总公司请示。

5. 附　则

第二十九条　本规定的修改与废除由总裁办公室负责，由总裁决定。

第三十条　本规定于××××年×月×日起实施。

七、广告策划业务规定

（一）编拟广告方案的五大原则

（1）质量并重，胸有成竹。

（2）建议要项，一目了然。

（3）创意突出（企划与创作），建立差异。

（4）词句精练，编排严谨，树立风格。

（5）简洁确实，避免冗繁多余的内容。

（二）编拟广告方案要注意的事项

1. 广告客户说明会的参与目的

（1）确实了解客户的需求重点。

（2）确实把握客户问题症结之所在。

（3）确实了解客户的主要竞争对象。

（4）熟悉客户的广告计划批准者。

（5）确实了解编拟广告计划的基本要素（广告目标、预算、期间、地区、诉求对象等等）。

2. 广告计划编拟小组的设置

（1）组合具有专长的有关人员。

（2）尽量归集第三者的客观意见。

（3）使全组人员了解工作目标。

（4）指派小组负责人，明确划分个人职责。

（5）组员的选任，以能力为其基准。

3. 资料的归集及运用

4. 优劣的发掘

（1）以长远的眼光：

①试以冷静态度判断商品的优劣点。

②试将商品印象置于消费者心目中。

（2）以客户负责人的眼光及以商品市场占有率的观点，加以考虑。

（3）以广告对象的眼光及以记忆及了解程度，予以考虑。

5. 商品概述的确定

（1）没有商品概述的商品，无法销售。

（2）概述可利用语句或图案予以表示：

①以任何人都可以了解的语句或图案表示。

②因人有不同解释的语句或图案，不得称之为“概述”。

(3) 概述应以消费者的语气表示。

(4) 概述与目标为一体的两面，应随消费对象而改变。

6. 媒体选择的要点

广告目标（性别、年龄……）：所接触媒体及其质与量。

地区：是否到达应涵盖的地区。

期间：长期签约的可能性。

广告目的：知名度、理解度、印象度及购买意向等的形成。

预算：金额是否恰当？

信息：信息是否过多？是否能以减少的量来达到预定目的？有效的传达方法是什么？

竞争条件：竞争对象所采用的类别、数量及其成功的程度。

过去的实绩：以往的广告实绩是否构成对签约的有利性。

广告媒体的确保：有无“画饼充饥”的现象。

效果测定：事先预测及事后测定的可能性。

7. 年度广告计划的编拟

(1) 尽量参照前年度的检讨资料。

(2) 由长期广告目标中明确制定本年度广告目标。

(3) 由现有商品中将今年度预定上市的新产品予以明确区分。

(4) 充分检讨前年度的优劣点。

(5) 把握客户的意图，使本广告计划无懈可击。

八、广告宣传管理规定

1. 为使本公司的广告宣传工作能够顺利进行，特制定本规定。

2. 除新产品的广告宣传工作由产品部主管外，其余产品的广告宣传工作由广告宣传部长主管。

3. 广告宣传业务工作内容由以下几个方面构成：

(1) 起草广告宣传方案。

(2) 制作各种广告张贴宣传画。

(3) 与广告公司进行交涉、联系广告制作业务。

(4) 广告效果的测定与检验。

（5）市场调查。

（6）向公司内部征集广告创意，并对各种创意进行评价和选择。

（7）各种用于有奖销售、展示会、庆典的纪念品、赠品和礼品的设计、制作、选择与购买。

（8）对销售部门的业务工作提供帮助，协助销售部门开展推销工作。

4. 广告宣传必须有计划地进行，广告的实施分为两种：

（1）定期广告，每年一次。

（2）不定期广告，根据特殊需要而定。

5. 原则上采用下列广告媒体。另外，在征得主管认可的情况下，可采用其他媒体。

（1）信封、明信片等邮寄广告。

（2）挂历、毛巾、火柴盒、扇子。

（3）公共交通工具广告、广告牌、霓虹灯。

（4）宣传单、张贴画、报纸、杂志。

（5）广播、电视等媒体广告。

6. 广告宣传费原则上不得超过经费预算委员会规定的范围，在特殊情况下广告宣传费的超支必须事先经董事会决议。

为了控制预算，必须事先对广告宣传的各项可能的开支（包括媒体的选择、宣传对象选择、宣传频率确定）精打细算。

7. 市场调查每年 2 次，调查结果或所获情报资料送交销售部门参考，同时作为广告宣传部制定新广告宣传计划的依据。

8. 广告效果主要反映在销售收入上，但销售收入的增减不一定与广告宣传直接相关。因此，对广告效果的测定，除了“销售收入”指标外，还必须进行多方面测评。

9. 努力与外部广告业者搞好关系，增进相互间的了解。外部广告业者主要是：

（1）印刷业者。

（2）广告代理商。

（3）纸张和其他材料供应者。

（4）纪念品、赠品和奖品生产者。

（5）各种展示会、展销会组织者。

（6）其他关系者。

（10）广告宣传部每位成员应努力收集各种广告创意和构思，促进本公司广告宣传工作开展。

九、广告宣传业务规定

1. 本规定旨在促进本公司广告宣传业务的发展。

2. 本公司的广告业务由广告宣传部负责推行。

3. 广告宣传部负责的业务内容如下：

（1）制订广告宣传计划方案，包括选择广告宣传的对象、商品、方法、时间与费用等。

（2）制作广告宣传用品，包括广告张贴画、广告牌、传单等。

（3）实施广告宣传计划，与广告代理商接洽与交涉。

（4）为有效地开展广告宣传，进行市场调查。

（5）测定广告宣传的效果。

（6）为制造部和销售部提供广告宣传效果方面的资料。

4. 由广告宣传部长负责广告宣传计划的制定工作。

（1）在制定广告宣传计划过程中，要倾听各相关部门的意见。

（2）计划方案在实施之前，要再次送交各有关部门听取建议。

5. 在制造广告宣传用品时，要选择更为合适的合作对象和宣传用品。

同样，在广告宣传过程中，要注意选择富有效果的广告宣传形式，包括奖品交换方法、提供旅游、影剧招待等等。

还要注意交际费开支的大小，以及有关税法对交际费开支的限制。

6. 广告宣传分定期和不定期两种，但都必须在广告预算开支内进行。

同时，实施广告宣传之前，要多听取广告业务机构的意见，并根据业务情况委托广告业务机构实施广告宣传。

7. 广告媒介原则上规定如下：

（1）报纸、杂志、广告张贴画和传单。

（2）邮寄广告。

（3）电视和广播。

（4）广告牌与广告设施。

（5）其他被宣传部长认为合适的、董事会认可的广告媒介。

8. 为了有效地进行广告宣传，必须定期和不定期地进行市场调查。

广告宣传部长在认为必要而适宜的时候展开对外部市场的调查。市场调查的结果，需有助于改进广告宣传工作。

9. 尽可能地对广告宣传效果作出评价与测定。

（1）广告宣传部长在认为必要的情况下对外部广告宣传的效果作出调查与测评。

（2）广告宣传效果的测评分为定期和不定期两种。

（3）把测定的结果写成报告，交各相关部门传阅。在必要的情况下与各相关部门共同商讨。

10. 广告宣传部有义务对销售部门和制造部门提出忠告，积极协助相关部门的工作，并收集与提供有利于促销的各种创意与构思。

11. 本规定的修改与废除，须经董事会同意。

十、广告业务管理廉洁规定

1. 广告业务要有广告投放计划，经公司主管领导批准方可进行。

2. 10万元以上的广告牌广告须有效果预测报告。

3. 要在办公场所进行广告合同的签订，并有二人以上共同参与。

4. 要在对同类公司进行询价筛选的基础上，确定广告价格。

5. 与广告商交往，不得收受红包、有价证券、贵重物品，拒收不成则上交纪委处理。

6. 所有广告商的资料、广告合同原件、广告完成的证据以及广告费用的支付情况、发票复印件等须建立档案备查。

7. 审计室每月对广告审计一次，并于次月5日前将结果报总经理，同时报纪委、监事会备查。

十一、对外宣传运营规则

1. 指南

企业对外宣传既是一种公共关系行为，也是一种有效的促销手段。在市场营销实践中，它往往被忽视。但成功的企业经验证明，运用好企业对外宣传，可以事半功倍，其作用并不亚于策划大型的广告。

2. 对外宣传的基本宗旨

（1）力求企业与社会共存共荣、相互理解、相互合作、共同进步。

（2）尽量避免社会成员对企业的误解、不满和攻击。

（3）在不影响本企业正常业务的前提下，向居民通报企业发生的一些事件。

(4) 树立企业良好形象，展示企业时代风貌，宣传企业辉煌业绩。

3. 对外宣传的素材

(1) 企业举行的各种活动。

(2) 企业经营活动的业绩和成果，如决算和财务状况。

(3) 企业确定的新的经营方针、经营计划，推出的新产品、新服务项目。

(4) 企业新工厂、新店铺、新设施的状况。

(5) 企业人事组织制度的变化和高层经营者调动情况。

(6) 企业的社会公益活动（如募捐、社会志愿活动）。

4. 对外宣传的程序

(1) 在通常情况下，应在每月一次的对外宣传会议上提出不同的对外宣传策划，报主管部门负责人同意后组织实施。

(2) 在特殊情况下，有关部门可不经过对外宣传会议，直接报主管负责人批准实施。

(3) 每一次对外宣传活动结束后应提出专门报告，对其内容、效果及反应作出分析评价。

5. 对外宣传素材的选择基准

(1) 必须更好地融会贯通企业的经营方针、经营观念，为企业的总体发展服务。

(2) 应当考虑对外宣传的正面作用和副面作用，有利于维护和提高企业形象。

(3) 在对外宣传活动时，考虑与本企业保持良好关系的左邻右舍的利益与反响。

包括：

①股东。

②企业职工和退休工人。

③客户。

④潜在客户。

⑤同行企业。

⑥有合作关系的企业。

⑦供应商。

⑧特约店、代理店。

⑨有关地方政府机构。

⑩相关的金融机构。

⑪舆论宣传机构。

⑫宗教团体。

⑬政党。

⑭工会和其他行业协会。

⑮外国企业办事处。

6. 对外宣传活动须知

（1）与企业领导决策接轨。

对外宣传必须保持宣传口径的统一，必须紧紧围绕企业经营决策展开，真正体现经营决策者的经营观念和经营方针。

（2）讲求效果。

应准确把握对外宣传接受者的反应，不断地总结经验，吸取教训，加强反馈，提高宣传效果。

（3）符合社会的价值判断。

绝不能为宣传而宣传，更不能随意拔高，夸大其词。在考虑自身效果的同时，更应注重社会效果。

（4）强化全体职工的对外宣传意识。

企业个别职工的无知和失误都会影响企业形象，同样也会葬送一次精心策划的对外宣传。所以应强化每一个职工的公关意识，让每一个职工都加入对外宣传行列。

（5）尊重事实。

对外宣传应以事实为根据，向公众展示企业的真实面貌。

7. 对外宣传组织

（1）负责对外宣传活动的是广告宣传部。

（2）必要时另设对外宣传委员会。

（3）广告宣传部部长及科长由对外宣传委员会主任任命。

（4）对外宣传委员会设秘书处，附属于广告宣传部，秘书长由广告宣传部长兼任。

（5）对外宣传委员会定期召开会议，负责审议对外宣传计划。

（6）特殊情况下，广告宣传部长可根据实际情况的变化或接受总经理的指示，组织实施有关活动。

8. 对外宣传的形式

在组织对外宣传活动时，要对下列各种宣传形式的优缺点及费用、效果进行综合比较，择优而行。

（1）本企业媒体

①邮政广告。

②宣传品

③印刷品。

④张贴物。

（2）企业外媒体

①公开宣传。

②广告。

（3）各种活动

①冠以企业名称的大会、音乐会等。

②时装表演、产品展示等。

③演讲会、座谈会、专题讨论会等。

④社会公益活动。募捐，奖学金、奖教金、捐款助学等。

9. 费用预算

同其他促销活动一样，对外宣传活动，不仅要考虑其效果，而且要核算其成本，力求少花钱、多办事、高效果。一般来讲，对外宣传活动所需的费用支出包括以下几个方面：

（1）人工费。

（2）经营费用：

①旅费。

②住宿费。

③编辑费。

④会议费。

⑤资料费。

⑥通信资。

⑦交际费。

⑧杂费。

10. 对外宣传人员必备素质

（1）具备熟练、圆通地处理各种关系的能力。

（2）勇于创新、敢于探索，具有很强的企划能力。

（3）具有较强的语言表达能力和文字写作能力。

（4）有敏锐的观察能力。

（5）有非常强的组织活动能力和驾驭能力。

十二、市场总需要量调查估计表

市场总需要量调查估计表

调查单位：　　　　　　　　　　　　　　　　　　　　年　　月　　日

摘要	品名区分		业绩							备注
			年	年	年	年	年	年		
统计资料		销售								
		指数								
		销售								
		指数								
		销售								
		指数								
资料关系		销售								
		指数								
		销售								
		指数								
		销售								
		指数								
		销售								
		指数								
		销售								
		指数								
		销售								
		指数								
景气之动向										
竞争关系之动向										
本公司销售政策重点										

十三、市场调查计划表

市场调查计划表

一、调查目标：
二、考虑因素：
三、方法设计：
四、预定进度：
五、使用人力：
六、预 算：

十四、新产品开发评价表

新产品开发评价表

<table>
<tr><td colspan="2">品　　名</td><td>产　　地</td><td>规　　格</td></tr>
<tr><td colspan="2"></td><td></td><td></td></tr>
<tr><td colspan="4">同类产品销售状况：</td></tr>
<tr><td colspan="4"></td></tr>
<tr><td colspan="4">包装与市价：</td></tr>
<tr><td colspan="4">促销方式：</td></tr>
<tr><td colspan="4">行销路线：</td></tr>
<tr><td colspan="4">进货的路线：</td></tr>
<tr><td colspan="4">市场潜能：</td></tr>
<tr><td colspan="4">报告人摘要说明：</td></tr>
<tr><td rowspan="2">相关部门意见</td><td>国 外 部</td><td>事 业 部</td><td>门 市 部</td></tr>
<tr><td></td><td></td><td></td></tr>
<tr><td colspan="4">总经理：　事业部：　主管：　填表：</td></tr>
</table>

十五、成本改善记录表

单位成本改善结果记录表

产品　　　　　　　　　　　　　　　　　　　　　　　　　　起讫日期：
规格　　　　　　　　　　　　　　　　　　　　　　　　　现在总成本：

成本		改善事项		日期		改善结果		改善结果比较								
								单位用量			单价			单位成本		
细目	编号	内容	交办	完成	内容	改善费用	改善前	改善后	效率差	改善前	改善后	改善	改善前	改善后	增减	累计增减

主管：　　　　　　　　　　　　　　　　　　　　　　　　　　　经办：

十六、固定客户交易对策表

固定客户交易对策表

公司名称	移动方向	问题点	对策

十七、竞争厂商调查表

竞争厂商调查表

地区		姓名		开会检讨日	年　月　日
竞争厂商名称					
公司地址					
工厂地址					
业务人员姓名					
学历、年龄					
服务时间					
业务员的口才					
营销能力					
业务员给客户印象					
业务的方针及做法					
待遇					
销售的对象					
代理商名称					
产品的种类（特殊规格）					
产品的性能					
产品的品质					
产品的价格					
市场占有率					
其他特别					
人、事、地、物、时					

十八、生产销售金额信息报表

生产销售金额信息报表

月份	品名											金额合计
		数量	金额	数量	金额	数量	金额	数量	金额	数量	金额	
一月	生产											
	销售											
二月	生产											
	销售											
三月	生产											
	销售											
四月	生产											
	销售											
……	生产											
	销售											
九月	生产											
	销售											
十月	生产											
	销售											
十一月	生产											
	销售											
十二月	生产											
	销售											
合计	生产											
	销售											

十九、新开发客户信息报告表

<table>
<tr><td colspan="2">客户名称</td><td></td><td>电话</td><td></td></tr>
<tr><td colspan="2">公司地址</td><td></td><td>电话</td><td></td></tr>
<tr><td colspan="2">主办人员</td><td colspan="3"></td></tr>
<tr><td colspan="2">推销产品</td><td colspan="3"></td></tr>
<tr><td colspan="2">第一次交易额及品名</td><td colspan="3"></td></tr>
<tr><td>开拓经过</td><td colspan="4"></td></tr>
<tr><td>备注</td><td colspan="4"></td></tr>
<tr><td>批示</td><td colspan="4"></td></tr>
</table>

经理：　　　　　　　　　　　　　　　　　　　　报告者：

第四章　零售企业市场营销管理制度与表格

一、销售组织管理制度

（一）通则

第一条　总则

章程规定公司营业部门（以下简称部门）的机构、权限、运作及处理等相关事项。

第二条　部门的业务范围

部门依照总公司营业部的指示，在独立营业计划与独立核算制度的原则下，负责指导管理所辖管的营业店，并负责辖管区域内的订货合同、收款及筹划发展新客户等相关的业务运作及业务处理。

第三条　部门的所在地及称呼

部门设于全国的各主要城市，在称呼时冠上城市名称。

第四条　重要事项的决定

部门的设置、改制、废止、管理区域及经理的任免，皆经由董事会决议后执行。

第五条　规章的制定、修改与废止

规章的制定、修改与废止皆经由董事会决定。施行细则则由总公司营业经理决定。

（二）机构设置

第六条　部门的岗位设置

部门设业务科及事务科，管辖区域内设的营业店。

第七条　营业店的设置、废止

营业店的设置、废止及店长的任免，由总公司营业经理报经董事会同意后决定。

第八条　管理者

部门可依情况需要，设经理及副经理。另外，科设科长，营业店设店长。

第九条　营业店的组织

营业所由店长、业务主任、事务主任、内勤职工、外勤职工及业务人员等成员构成，人员数目另行规定。营业店可依情况需要，设置副店长。

第十条　经理的职务范围

经理所负责的职务范围如下：

（1）企划、指示营业方法。

（2）经常调查、听取营业情况的发展以决定营业方针。

（3）听取部内及营业所的业务报告，并随时监视业务实况。

（4）裁决部内的人事问题。

（5）举行业务磋商会议。

（6）排除业务上的困难。

第十一条　副经理的职务范围

副经理负责协助经理，并根据经理的指示进行工作，如经理不在，副经理代行其职。

第十二条　科长职务的范围

关于科长的执行职务，比照前条的规定执行。

第十三条　业务科

业务科所负责的业务包括下列七项：

（1）确定接受订货的计划并负责其运作。

（2）对合同的执行进行监督、指导。

（3）加强、完备营业店的体制。

（4）管理营业店的业务并负责指导。

（5）负责指导、教育业务人员。

（6）负责销售人员的聘用、解雇、迁升、降职及勤怠管理。

（7）调查各营业店及外勤人员的业绩。

第十四条　事务科

事务科的业务包括下列七项：

（1）处理合同事务及查审合同。

（2）确定合同费用的回收计划并负责其运作。

（3）实施营业收支计划与负责出纳事务。

（4）负责管理内勤人员的薪资、变动及怠勤。

（5）处理内部的用品供应、修建等相关事务。

（6）负责文书的收发管理。

（7）处理内部的风纪、保密、对外交涉、车辆及常务等等。

（三）权限

第十五条 管理层的权限

经理、副经理、科长、营业店长的权限须依本节的规定行使。

第十六条 对权限的质疑

如对内部的权限有所质疑时，须向部门经理请示，部门经理则向总公司营业部经理请示后才能决定。

第十七条 经理的更迭

经理在接受总公司营业部经理的指示后，统筹管理所属的业务并负责。当经理发生更替之时，经理须等事务交接完毕，方可卸责。

第十八条 经理的职责

经理的职务责任包括下列四项：

（1）直接监督科长及营业店店长。

（2）负责企划所属业务的运作。

（3）迅速、准确地处理业务。

（4）管理所属人员的工作状态。

第十九条 经理自行决定及请示事项

经理可自行决定及必须请示的事项包括下列各项：

1. 业务方面

（1）自行决定事项：

①指示科长及营业店店长处理部门的业务运作，并负责其管理。

②负责支付外勤人员的薪资。

③负责缔结团体合同与约定。

④决定另有规定范围内的合同。

（2）请示事项：

①外勤人员的任用、升迁、解雇及职工的特别任用。

②营业店的设置、废除及店长的任免。

2. 经营管理方面

（1）自行决定事项：

①另有指示的费用或限度以内的支出。

②监察部门的收支、营业所的业务及会计业务。

（2）请示事项：

①指示以外费用的支出、许可费用但超出限度额的支出。

②公司房地产及不动产的买卖。×万元以内的紧急维修不在此限之内。

③设定未经公司指示的交易银行。

④以部门名义捐款及支出协会费用等。

3. 人事方面

（1）自行决定事项：

裁决所属人员五日以内的休假、出差、早退、加班、假日出勤等事项，但科长及营业所店长的管辖外出差则要请示总公司。

（2）请示事项：

①内勤职工的任用、解职、调动，部内的内勤与外勤的相互调动。

②经理本人的休假及出差。

③所属人员的赏罚除有另文规定之外，应请示总公司裁决。

第二十条　负责监督部下的不正当行为

副经理、科长及营业店店长具有负责监督部下不正当行为的责任。当所属职工因故意或重大过失而致使公司蒙受损害时，副经理等应负监督上的责任。

第二十一条　副经理的权限

副经理负责协助经理，且在经理的权限内，副经理可经由经理的指示而具有其权限。另外，副经理在经理不在时，应负责代行其职务。在代理期间，副经理的权限不得超越经理之权，同时，业务办理后须迅速取得经理的认可或请示总公司意见。

第二十二条　科长的职责

科长接受经理及副经理的指示，负责指挥管理所属人员从事所属的事务。

科长对于所属部下的不正当行为，应负起监督的责任。如经请示上司或总公司批示确实属于不正当行为时，则本人也应对此负有责任。

第二十三条　科长的权限

科长在第十九条所规定的经理权限内，完成经理所指示的业务。

第二十四条　营业店店长的职责

营业店店长受经理的指示，负责指挥、监察所属人员，并从事管辖区域内的业务。

营业店店长对于所属人员的不正当行为，应负监督的责任。但若上级认为这不属于管理上的问题，则本人可免其责。

第二十五条　营业店店长的处罚权限

营业店店长对于所属人员违反公司规章或不遵从上级指示行事时，可取得经理认可并请示总公司，采取处罚或其他处理方式。

（四）营运

第二十六条　业务经营

部门的业务经营必须按公司的规定回文呈报总公司营业部及相关部门，并以其指示为执行依据。如有违反，视情给予处罚。

第二十七条　重要事项的筹划、经营、联络内部的重要企划、经营及相互之间的联络，通过营业店店长会议来进行。

第二十八条　总公司的指示

内部的重要计划、命令及其修正和废止，一概由总公司营业部以文书方式传达。

第二十九条　报告

部门要令所辖管的营业店提出下列事项的报告，并做好综合统计后，再报告给总公司营业部。

（1）每日的营业成绩。

（2）每日的收支情况。

（3）每日的活动及怠勤状况。

第三十条　管辖区域内的调整

部门须迅速、确实地收集掌握管辖区域内业务的相关事项，并依下列三项予以谋划、实施业务上的对策。

（1）收集、调查与业务有关的产业、经济、财政、社会、政治、企业经营等情报与资料。

（2）调查、发掘有潜力客户与市场，并依照管辖区域内的事业、职业类别，进行行情调查与预测。

（3）针对营业实绩做分析性、综合性的研究，以企划对策。

第三十一条　营业计划

营业计划应以景气时的预测作为资料，并依下列方式进行调查、企划。

（1）迅速确实地收集一般社会经济形势的情报与资料，借此掌握实际状况。

（2）营业店的调查实绩与能力。

（3）利用印刷品、口头宣传及其他交际技法来发展新客户。

（4）对于实施营业计划的人员配置、实施时期、手段、对象等应先做好企划。

第三十二条　勤务管理

外部销售人员与内勤人员的勤务管理，应以各人的勤务态度及从事业务的意愿为评价依据，包括：

（1）正确记录个人的考勤状况。

（2）正确记录上、下班时间。

（3）严格实行赏罚制度。

（4）统计个人的业绩。

第三十三条　文书制度

有关文书的制作、收付、整理及保存，要依照下列所规定的制度执行。

（1）实施收发制度。

（2）统一资料的分类。

（3）收付时要记录清楚。

（4）实施文书处理制。

第三十四条　收支、营业成绩

部门的收支、营业成绩应依据预算制来记账计算，并将每月结果公布给部门内各科长及各营业店。

第三十五条　区域内的宣传工作

部门可向总公司申请款项实施区域内的广告宣传，且可在必要时具体提出自己的意见。

（五）营业店的管理

第三十六条　营业店的事务与强化管理

应依据下列五项规定来完备、强化营业店的管理，并设法促进其营业朝合理化方向进展。

（1）对营业店的营业计划及经营必须加以监察、指导。

（2）对于营业店及所属人员的经营效率、营业实绩要做调查分析与监督。

（3）对于营业店及所属人员的勤怠状况、技能熟练度要加以考察并作调整。

（4）对于营业店的设备及人员的配置是否适宜，应作调查并作调整。

（5）如发现营业店有营业实绩停滞不前或减退的迹象，应针对其原因加以检查，并设法找出解决对策。

第三十七条　对外部销售人员的指导

对于外部销售人员的勤务及技术指导，应依据下列方式进行：

（1）分发有实效的教材。

（2）举行讲习、演讲。

（3）举行实际的技术训练。

（4）实施、指导作业方法。

（5）举行实务恳谈会。

部门需随时将每个人的业务实绩记录下来，借此监督其执勤状态与观察其技能提高的程度。

第三十八条　业务监察

对合同、货款回收及整理等相关业务的监察，可依据下列方式进行：

（1）听取各所每个人的业务处理情况汇报，并加以检查证实。

（2）照会合同缔结者。

（3）对照、查核相关资料及记录。

第三十九条　业务管理

对营业店实施业绩管理的目的在于测定营业店及所属人员的实绩、效率，其规定如下：

（1）监督各营业店的契约目标达成率及其事由。

（2）对于各营业店及各营业员的货款回收率、合同失效、解约率等加以统计。

（3）对各营业店的经费预算及实际额做逐一比较与对照。

第四十条 事务处理

营业店的事务处理管理目的在于迅速、确实地处理内勤事务以提高效率，其规定如下：

（1）比较各营业店的处理件数及每个人的处理效率。

（2）实地调查营业店的事务处理方法。

（3）调查各营业店的事故发生件数并查明其原因。

（4）调查个人处理问题的能力及处理情况。

二、营销分公司组织管理规定

为了进一步强化销售分公司的各项管理工作，细化、落实各项管理工作程序，不断提高管理水平，特制定本规定。

（一）销售分公司组织机构的分工和责任

1. 销售分公司的组织机构

业务部、外贸部、综合管理部、办事处、技术开发科。

2. 各部门职责

（1）业务部：负责承揽国内业务，并与用户沟通协调售后服务工作。

（2）外贸部：负责承揽外贸业务，并与用户沟通协调售后服务工作。

（3）综合管理部：负责销售分公司日常管理工作，并定期向公司有关部门报送数据、表格，负责公司产品的发货、运输工作。

（4）办事处：在境内及周边地区开展业务、承揽订货，并做好本地区用户的售后服务工作。

（5）技术开发科：负责公司产品开发、改进等设计工作，负责外来项目图纸转化，配合营销、生产做好技术服务工作。

（二）用户信息的管理规定

（1）综合管理部为用户信息的归口管理部门。

（2）各部门每名业务员要积极主动地收集相关信息，并及时报本部门经理。经部门经理整理，每月报综合管理部登记备案，综合管理部对各部门收集的信息量进行考核。销售分公司业务部、外贸部、办事处，于每月 30 日前将本月用户信息报到综合管理部。

对当月未完成客户信息调查的业务员或实习业务员提出警告，连续三个月未完成指标的业务员给予停发提成奖或效益奖。

（3）综合管理部对各部门提供的信息，建立信息登记档案。

（4）各部门要将本部信息及时上报，对未通报者给予一定处罚，造成严重后果的给予严肃处理。

（5）任何人未经批准，不准将信息扩散、传播给其他部门、单位或个人，一经发现将责任人清除出销售队伍。

（6）综合管理部每月将产品的订货信息情况进行统计，上报公司领导审阅。

（7）销售分公司各部门经理可直接查阅用户信息档案，其他人员查阅要经销售分公司经理批准。

三、市场营销部工作制度

为了加强管理，便于开展工作，特制定本制度。

（1）工作人员要身穿统一的制服，佩戴工作证，工作时轻拿轻放，使用礼貌用语，并注意保持工作区内的清洁整齐。

（2）工作人员要热爱本职工作，以饱满的热情去对待每一位顾客，做到热情大方，礼貌待人，不可以与顾客发生口角、争执，时刻维护市场营销部的形象。

（3）工作人员不得无故迟到、早退，更不得无故旷工。事假、病假必须先向负责人请假，以便及时安排人员，以确保市场营销部的工作顺利进行。

（4）收钱时小心谨慎，检查钱币真伪，并认真填写工作报表，确保收支无误。

（5）爱护设备，每天清洁设备，确保其干净，给人以耳目一新的印象。

（6）每两周开例会一次，进行工作总结，各部员工不得无故缺席。

四、营业部管理细则

1. 销售组织管理

（1）内部组织

包括营业部的一般组织、地区组织、客户组织、商品组织。在绝大多数企业中，都按不同的标识划分为不同的销售组织，即形成混合型销售组织。此外，还必须在销售事务、商品管理、货物运送、广告宣传、售后服务等方面形成组织化管理。

（2）外部组织

包括客户协会或联谊会、连锁经营组织等。

2. 营销工作安排管理

包括事先工作安排、工作协调和事后工作调整。

3. 商品管理

商品管理包括采购、仓储、送货、核算、销售统计、售价管理、商品知识教育等7个业务内容。

4. 销售事务管理

（1）信息管理

对市场供求信息、订货信息等经营信息实行集中管理。

（2）定价单管理

编制定价单及委托定价相关的业务。

（3）订货管理

对订货信息的集中管理。

（4）销售额管理

统计营业员的销售额、各地区销售额、不同客户的销售额，并及时地向营业部长或科长报告。

（5）货款回收管理

管理客户销售台账、寄送付款通知、对营业员催付货款的管理等。

（6）统计管理

为营业管理和促销，对销售活动进行统计核算与分析。

5. 销售计划管理

对不同销售员、不同地区、不同商品、不同客户的销售活动实行计划管理。

6. 对营业员的管理

（1）指导管理

对不同的营业员进行具体明确的业务指导。

（2）销售管理

将营业部的计划销售额分解到每一个营业员，并对每一营业员的实际销售额进行统计。

（3）促销管理

制定和实施扩大销售的促销对策。

（4）教育培训

在日常业务过程中，进行现场教育培训和定期脱岗培训。

（5）安全健康管理

对营业员特别是外勤人员经常进行安全教育和健康检查。

7. 集团性销售管理

合理地组织好展示会、招待会、客户招待会并作出具体指示。对营业设施进行集中管理。

8．客户管理

（1）信用管理

在信用调查基础上，确定客户信用等级，确保公司的利益不受损失。

（2）实现目标管理

为实现销售目标，经常向上下级通报实际销售额和目标完成率。

（3）促销

组织实施和援助各类促销活动。

（4）回收管理

为保证货款按时、按量收回，对营业员和客户进行货款回收管理。

（5）地区管理

了解客户的需求，提高产品的市场占有率。

（6）培训指导

对有关人员进行营销方法和商品知识等方面的培训指导。

9．用户管理

如果公司销售的是生产资料，还需要有与客户管理不同的用户管理。其内容是：提供信息、成本核算、应用技术提供、技术指导、销售与货款回收指导。

10．预算管理

对销售费用预算进行检查监督，以节减费用，提高经费使用效率。

11．营业业绩考核评价管理

记录营业员的销售业绩，表彰先进，鞭策落后。

12．营业目标利润管理

为确保营业部目标利润的实现，对整个部门的销售活动进行全面的管理。

上述管理内容与职务权限紧密地联系在一起。以营业部销售科为例，其职务权限责任大致包括6种，即提案权限、审批报告权限、决策权限、审查权限、监督权限和预算执行权限。

五、营销中心与业务分担制度

1. 内务

（1）负责相关的文案处理。

（2）汇总销售额及收入款项。

（3）处理收入款项。

（4）统计及审核营业报表。

（5）联系及落实收款事项。

（6）印制、寄送收据。

（7）业务处理控制及监督。

（8）与客户进行电话、传真、电子邮件及其他相关联络。

（9）搜集、整理市场情报及市场调查的相关资料。

（10）制作收发文书。

（11）进行广告宣传及制作，并在广告媒体上发布。

（12）计算招待、出差、事务管理及旅行费用。

（13）客户接待、公共关系方面的事务。

（14）有关营销中心内勤的其他事务。

2. 外务

（1）探寻及决定潜在客户。

（2）对潜在客户的状况进行调查、探究及掌握。

（3）与客户进行业务沟通。

（4）操作业务的各项联络、协调与通知。

（5）回复客户的通知及询问。

（6）有关服务的介绍、分析与咨询。

（7）开拓、介绍客户。

（8）客户的访问、接待及交际。

（9）同行业间的动向调查。

（10）市场的研究、调查。

（11）制作客户的问候函。

（12）清款、收款业务。

六、销售工作日报表审核制度

（一）总则

1. 制定目的

为加强公司销售管理，使销售人员的销售能力得以充分发挥，以提升销售绩效，特制定本制度。

2. 适用范围

公司销售人员工作日报表的审核，均依照本办法管理。

3. 权责单位

（1）销售部负责本办法制定、修改、废止的起草工作。

(2) 总经理负责本办法制定、修改、废止的核准工作。

(二) 工作日报作业规定

1. 日报作业流程

(1) 销售人员。

①每日应将当日进行的工作内容，详细填入《销售工作日报表》，并呈部门主管。

②前一日的《销售工作日报表》，应于次日10时前（外出作业前）交出，不得延误。

(2) 部门主管。

查核销售人员所呈的《销售工作日报表》后，转呈部门经理批示。

(3) 部门经理。

将各销售主管转呈的《销售工作日报表》批示后，交内务汇总，转呈企划部。

(4) 企划部。

将各销售部送交的《销售工作日报表》核计，并加以分析，作为制定、修正销售计划的依据。

2. 审核要领

(1) 销售主管。

①应依据《拜访作业计划查核细则》的规定，确认销售人员是否按照拜访计划执行。

②将销售人员所呈的《销售工作日报表》与客户订单及缴款明细表进行核对，以确认日报表的正确性。

③对销售人员所提出的问题及处置方法，应予以初步核实。

(2) 销售部经理。

①综合审查各销售部门所呈的《销售工作日报表》。

②出现异常情况，应立即加以处理。

(3) 企划部。

①核对并统计《销售工作日报表》的各项内容。

②依据《销售工作日报表》与《拜访计划表》，计算各销售人员成功率与变动率。

③将统计资料进行审核，并拟定对策供销售部门参考。

七、销售业绩考核管理办法

充分调动销售人员的积极性，规范销售管理，为顺利完成公司年度经营目标，特制定销售考核办法。

第一条 公司对销售人员的考核分两类：销售业绩考核和市场拓展业绩考核。

第二条 公司对销售部门人员实行收入与业绩考核挂钩的考核制度。

第三条 销售业绩考核指销售毛利考核，市场拓展业绩指销售人员按所负责的行业进行市场培育、日常用户拜访和信息收集等用户拓展业绩。此项考核由销售主管制定销售人员日常用户拜访活动与书面汇报要求。

第四条 项目销售费用的控制。项目销售人员控制的费用额度为项目金额的0.5%，公司销售负责人控制的费用额度为项目金额的0.5%。在以上费用范围内，相应人员可自行安排费用的发生，超出费用额度，先请示后发生。

第五条 销售人员收入实行年薪制。年薪中50%按月发放，50%实行与业绩考核挂钩。考核内容中销售业绩考核占80%，市场拓展业绩考核占20%。市场拓展业绩考核由销售部门主管和公司销售负责人共同考核。市场拓展业绩考核部分按12个月平均考核，销售业绩考核部分分季考和年考，季考占年薪考核部分的50%，按季度考核平均发放，年考占年薪考核部分的50%，年底考核后发放。

第六条 公司销售人员可根据自己行业的开拓情况，向公司销售负责人提出自己的年薪档次和理由，由销售负责人批准后实施。

第七条 销售人员年薪档次也实行季度考核，季度考核未完成相应利润目标的，年薪及费用档次相应下降，某季度累计完成相应利润目标的，可同时补发年薪和相应手机费和交通费用。利润目标超过年初确定数的，年底按超额毛利部分的10%奖励销售人员，不再增补费用。

手机费和交通费实行按月凭票报销，节约50%归己，超支从当月工资扣除。

第八条 公司允许销售人员配合打单，利润分配自行商定（书面交上级主管公司备案）。

第九条 销售主管年薪考核部分包括：个人业绩、部门业绩、市场拓展业绩三部分，比例为7:2:1。部门业绩按部门销售考核总额进行比例考核，季度完成部门销售考核总额80%以上的，可全额拿到考核部分，超出部分按超额比例计提，未完成部分按缺额比例倒扣。

八、销售拜访作业计划查核细则

（一）总则

1. 制定目的

（1）本细则依据公司《销售人员管理办法》的规定制定。

（2）促使本公司销售人员确实执行拜访作业计划，达成销售目标。

2. 适用范围

公司销售人员拜访作业计划的核查，依本细则进行。

3. 权责单位

（1）销售部负责本办法的制定、修改、废止的工作。

（2）总经理负责本办法制定、修改、废止的核准工作。

（二）查核规定

1. 计划程序

（1）销售计划。

销售人员每年应依据公司《年度销售计划》，拟定个人的《年度销售计划》，并填制《月销售计划》，呈主管核定后，按计划执行。

（2）作业计划。

①销售人员依据《月销售计划表》，每月填制《拜访计划表》。

②销售人员应于每月底前，将次月计划拜访的客户及其预定停留时数，填制于《拜访计划表》“客户”及“计划”栏内，呈主管审核。

③经主管审核后，销售人员应依据计划实施，主管则应确实督导查核。

2. 查核要项

（1）销售人员。

①销售人员应依据《拜访计划表》所定的内容，按时前往拜访客户，并根据拜访结果填制《拜访报告表》。

②如因工作因素而变更拜访行程，除应向主管报告备案外，要将实际变更的内容及停留时数记录于《拜访计划表》内。

（2）部门主管。

①审核《客户拜访报告》时，应与《拜访计划表》对照，了解销售人员是否依计划执行。

②每周应依据销售人员的《拜访计划表》与《客户拜访报告表》，以抽查方式用电话向客户查询，确认销售人员是否依计划执行，或不定期亲自拜访客户，以查明销售人员是否依计划执行。

3. 注意事项

（1）销售部主管应使销售人员确实了解填制《拜访计划表》并按表执行的目的，以便使销售工作开展更顺畅。

（2）销售部主管查核销售人员的拜访计划作业实施时，应注意技巧，尤其是向客户查询时，要避免造成以后销售人员工作的困扰与尴尬。

（3）拜访计划作业实施的查核结果，应作为销售人员年度考核的重要依据。

九、营销工作薪酬管理制度

（一）总则

第一条 为了有效调动营销员工的工作积极性，促进公司营销业绩的不断提升，特制定本制度。

第二条 考虑营销工作的特殊性，营销工作的薪酬体系有别于公司其他人员的薪酬体系，以增加对优秀营销人员的吸引力。

第三条 营销岗位薪酬体系适用的员工对象包括：

（1）从事终端业务工作的推销代表。

（2）管理终端业务工作的推销专员。

（3）管理销售渠道的销售代表。

（4）管理销售渠道的销售主管。

（5）销售分公司经理、销售部经理。

（6）销售总监助理。

（7）市场支持、销售支持等人员。

（二）推销代表和推销专员

第一条 推销代表指在（协助经销商销售）营销模式中，从事店铺、超市等零售机构货品管理和推销的人员。

第二条 推销专员指在（协助经销商销售）营销模式中，管理推销代表的员工。

第三条 推销人员的基本工作内容为常规性的，通过程序化的方式进行管理，以减少这部分人的高流动性给组织带来的危害。

第四条 推销人员的薪酬结构：月薪（基本工资＋绩效工资）＋奖金＋福利保险

第五条 基本工资为保障其基本的生活要求，按月支付。

推销代表划分为三级，根据考核确定和提升，基本工资标准为：

初级推销代表：×××元

中级推销代表：×××元

高级推销代表：×××元

十、销售经理管理准则

（一）销售方针的确立与贯彻

1. 销售方针的内容

（1）销售方针是销售经理在自己所辖的业务范围以内，制定促销及营运方面的方针。

（2）销售方针分为长期方针（3～5年）及短期方针（1年以内）两种；销售经理所决定的方针属于短期方针。

（3）销售方针的确立，应以公司经营的目的为基础。

2. 销售方针的订立

（1）明确公司业务的经营目标及董事长与直属上级的政策，以此为依据，制定适合的销售方针。

（2）销售部对于各方面的问题，如市场开发、利润提高、广告宣传、回收管理等，都必须制定方针。

（3）配合当年的营运重点及公司的经营方针，来制定销售方针。

3. 销售方针的贯彻

（1）除了以口头发表或说明之外，还要发布文件，以期方针能正确并彻底地实施。

（2）尽量避免“自己（上级）认为有关人员（属下及其他人）已经明白，而实际上并未彻底了解的情形”发生。

（3）销售方针公布后，仍需反复地加以说明。

（二）销售计划的要点

1. 销售计划的内容

销售经理所拟订的销售计划，不能仅包括以销售额为主体的预算数值和计划的实施步骤，还应包括销售组织、商品、消费者、售价、销售方法、促销（包括广告和宣传、销售预算等）在内的广义计划。

2. 拟订销售计划时应注意的事项

（1）配合已拟订的销售方针与政策来制订计划。

（2）拟订销售计划时，不能只注重特定的部门（或个人）。

（3）销售计划的拟订必须以经理为中心，以全体销售人员均参与为原则。

（4）勿简单地沿用前期的计划或制订习惯性的计划，必须拟订新计划，确立努力的新目标。

3. 销售计划的实施与管理

（1）经理对于销售计划的彻底实施，必须负完全的责任。

（2）拟订计划后，要切实施行，并达成目标，计划才有意义。所以，对于销售计划的实施与管理必须彻底。

（3）计划切勿随便修正，除非遇到形势的突变，或尽了一切努力，仍无法达成目标时，方可更改。

（三）销售部内部组织的营运要点

1. 销售组织与业务效率

（1）销售部内部的组织和推销人员的关系、组织的编制方式和业务效率及销售有密切的关系。

（2）销售经理应经常留意自己所辖部门的组织形态和营运效率。

（3）不可忽略组织管理的研究。

2. 组织营运

（1）销售组织能否有效率地营运，关键在于销售经理的努力，尤以销售经理的领导能力的发挥最为重要。

（2）对于推销人员，要训练其团队精神。

（3）在销售组织里，要特别注意：

①销售额的分担与配置。

②使命、报告系统。

③责任与权限的明确划分。

3. 权限内组织的修正

（1）销售组织的大纲，应由董事会或董事长裁决；至于其细节，属于销售经理的权责。

（2）在销售经理的权限内，应视环境的变化而修正组织，使之具有适应性；对于组织的合理化，也需立即着手进行。

（四）销售人选的配置

1. 适当人选的配置

（1）并非每个人都适合市场开发的工作，故要选用挑战欲望较强的推销员。

（2）必须设置专门的组织配置专职推销人员从事市场开发工作。

（3）公司内若无适当人选，可向外寻求。

（4）销售人员必须热爱自己的本职工作，熟悉业务，勤勤恳恳，踏实认真；在工作中，有耐心、有克服困难、百折不挠的精神。

2. 销售经理应有的态度

（1）销售经理应了解市场，熟悉市场，并根据市场的实际情况制订切实可行的销售方针和销售计划，身为表率，去开发市场、扩大市场份额。

（2）当部属求援时，要及时行动。

（3）若市场开拓的情况未见好转（或趋向不利），切莫沮丧，要有信心及魄力，经常与部属接触并根据市场情况提出改进意见。

（五）促进销售的重点

1. 一般的重点

（1）公司及销售部门必须具有综合性促销计划和实施方法。

（2）在决定销售方针、销售政策前，必须进行综合性调整。

（3）企划、计划的事项必须在不失时效的条件下，切实施行。

2. 直销部门应注意的事项

（1）不要做出与自己公司的营业和销售实情不合的推销方法。

（2）倘若销售业绩不佳，不可只责备推销员（直销部门），应视为大家共同的责任，并从问题中找出原因加以反省与改进。

（3）不可太固执于自己的企划，应随着形势的变化，迅速修正企划方案。

3. 销售部门应注意事项

（1）关于销售的促进，不可完全依赖销售企划部门。

（2）让各科实行独自的销售计划。

（3）综合性的、基本性的销售计划所需情报和构想应由销售经理提供。

（4）销售部门是否能够提高销售，这完全是经理的责任。

（六）广告、宣传的要义

1. 宣传、广告政策

（1）应将宣传、广告政策，当做市场开发的一环。

（2）根据营业与销售的基本政策、销售战略，制定与之相适应的宣传、广告政策。

（3）有关宣传、广告方面，应同业务部门召开研讨会商讨，及时调整政策。

2. 宣传、广告业务的管理

（1）宣传、广告业务的管理应由宣传科或销售企划科等专任管理，并且能够专门化。

（2）宣传、广告预算要在年度计划中，依广告主题、内容、方法编列预算。

（3）当销售各科一起研商时，应尽量采用专家的意见。

3. 借助公司外的机构、专家时应注意的问题

（1）不要以过去的人际关系、惯例等草率签约。

（2）应保持自主性，不可完全依赖他人。

（3）签约时，应提出自己的意见、期望及条件。

（4）对于每一次的广告主题，都要充分地洽商、研究。

（七）展示会、旅行招待会的实施要诀

1. 共同要点

（1）企划时，不要完全依赖以下做法：

①高层领导的构想。

②经理的构想。

③特定部下的意见。

④过去计划的惯例。

⑤同行业的做法。

（2）要特别重视利润。

利润的算法可以采用以下两种方法：

①个别计算各展示会、旅行招待会的利润。

②综合计算一定期间内所有的展示会、旅行招待会的利润。

（3）尽早订立计划。计划前应充分地调查、分析、研讨。

（4）会场上要用和谐的态度，主动地招待顾客。

2. 展示会的要诀

（1）不可依照销售经理的喜好来选择展示会的商品。

（2）销售经理应亲临租用的会场察看。

（3）销售经理要亲自邀请主要的客户莅临。

3. 旅行招待会的要诀

（1）事前要确知参加者的姓名、人数，并特别留意参加者是否携带家眷或同伴。

（2）分配房间时，销售经理应成为中心人物，尽量使气氛热闹。

（八）情报管理

1. 情报内容

（1）情报越多越好，对其内容要彻底地研究。

（2）情报内容的取舍，应从促进营业销售、业务的经营等不可缺少的方面着眼。

（3）销售经理、科长及相关者应共同协商对情报内容的取舍。

2. 情报的收集法

（1）情报收集的来源，分为公司内部和公司外部。

（2）有关公司内的情报，销售部门应自行决定，采取各方情报由各自特定的人员负责，还要注意收集情报的方法。

（3）公司外的情报收集法更讲究，特别是对于非公开的、机密性的情报，要个别研究其收集法。

3. 情报的运用

（1）情报应有系统地分类整理，以便随时采用。

（2）情报的目的在于运用，因此，应让关系者彻底地明了情报的内容及其运用的方法。

（3）情报、资料应不断地更新。

九、配销的实施要诀

1. 销售目标的修订要诀

（1）依分公司、科室和个人的努力，制订可能实现的销售目标。

（2）尽量依照利润本位（营业利润、毛利、大概的附加价值等），分配销售目标。

（3）分配销售目标时，要考虑各部门、个人的能力及特点等。

2. 尽量朝着目标管理的方向努力

（1）要将上级分配的销售目标，当做自己（或者是科、股长）的挑战目标，努力实行。

（2）个人的销售额总计，最好能符合公司的销售目标。

（3）销售经理应教导下属，使之具有完成目标的信念。

（4）管理者应努力提高下属的信念，这是完成目标所需的最重要的工作。

3. 分配额的调整与检讨

（1）公司内、外的情况发生重大变化时，要慎重地调整分配目标。

（2）不可忽略实绩与结果的检查，以作为再挑战的参考。

（十）减价退货的实施要诀

1. 决定实施标准

（1）不可让推销员依个人的判断，随意决定减价或退货。

（2）应列出减价及退货的限度及其标准。

（3）减价及退货均应获得销售经理同意才可实行。

2. 把握实际的情况

（1）减价、退货时，一定要开发票，以保留确切的记录。

（2）把握全体及个别（经办人类别、客户类别、商品类别、季节类别及其他）减价、退货的金额、比率、件数等。

（3）需和财务部门（或负责账务者）保持业务上的密切联系。

3. 减价、退货的减少及预防政策

（1）应加强指示及提醒相关者有关减少、防止减价与退货方面的问题。

（2）彻底分析减价、退货的原因，从主要原因着手处理。

（3）切莫强迫推销员必须完成一定的销售额，以免招致退货。

（十一）推销员的活动管理要诀

1. 推销活动的特征

（1）推销员必须离开公司，远离上级，依自己的责任行动。

（2）推销活动的管理以自我管理为主体，故提高推销员的道德心及责任感为最重要的事。

2. 行动报告制

（1）各推销员的行动预定表，应由他们自己制作，自己提出，以一个月或一个时期为单位，记录每天访问地点及事项。

（2）按日报告（或按周报告）不仅可以达到行动管理的目的，同时也是情报管理上的重要事项。

（3）每日（早晨或黄昏）开会需以上级为中心，由上级作出必要的指示及正确的指导。

3. 出差管理

（1）近距离或住宿、出差，要让职工提出申请（预定），并审阅出差内容。

（2）长期性出差，有关情况包括经过与成绩应让职工作定期报告，并及时汇报（利用文书、电话等）。

（3）应在规定期限内，完成旅费的清算。

（十二）销售会议的处理要诀

1. 必要时才开会

（1）必不可缺的洽商讨论时，才召开会议。

（2）销售部门的主要会议为：

①销售干部会议。

②各科、股的洽商会议。

③与制造部门（或提供货源的厂商）的协调会议等。

2. 会议的进行法

（1）议题要在事前通知参加者。

（2）要严守时间（开始与结束的时间）。

（3）理应参加者均应出席。

（4）设一司仪，依程序进行会议。

（5）不可变成特定者或个人的讲演会。

（6）尽量让多数人发言。

（7）最后应将决议事项整理好，让参加者确认。

（8）应在短时间内完成会议。

3. 销售经理的注意事项

（1）不要随便开会，不要变成喜欢开会的人。

（2）不要变成销售经理个人的演讲会。

（3）会议中所决定的事情，要确实地施行。

（十三）销售统计的处理要诀

1. 统计内容的决定

（1）只做必要的统计。

（2）应以销售经理为中心，与有关人员共同研究，确定何种统计才是必要的。

（3）适时审核统计内容，把不必要的统计内容删除。

2. 统计的方法

（1）尽量节省手续及时间。

（2）有效地利用计算机。

（3）利用其他部门（如财务、企划、制造部门）所作的统计资料。

（4）当同一销售部门的各单位做同样的统计时，应由一个单位做好后，再送给有关的单位。

3. 统计资料的有效运用

（1）统计的结果往往与经验或直觉不尽相符，故不可轻视统计。

（2）有效运用统计在促进销售方面最为重要。销售经理与全体有关人员应对统计资料予以重视，并运用于销售的业务上。

（十四）管理者的基本条件

管理者本身应努力加强各种素质的培养，以求得进步。下面列举管理者所需的基本条件。

（1）统率力。管理者如果不能掌握及统率下属，就没有管理者存在的意义。

（2）指导力。身为管理者要能指导、培训下属。

（3）洞察力、判断力。要洞察各事项的本质，才能作正确的判断。

（4）创造力。除了利用下属的创造力外，管理者本身应具备优秀的创造力。

（5）体力、意志力。若身体虚弱、意志薄弱，是没有资格当管理者的，因为有很多事情需要管理者亲历亲为。

（6）交际力。即交涉方面的能力。

（7）个人的吸引力。最低限度不要让他人对自己生厌，获得下属的好感及尊敬，这是管理者应有的条件。

（十五）销售经理命令部属的方法

1. 命令方法

销售经理应将命令依序下达，若有特殊情况，需直接命令时，应将命令告诉受命者的直属上级。

2. 命令的内容

（1）命令的内容应具体、简洁、易于了解。

（2）下达命令时，切勿加上希望、注意事项或抱怨等。

3. 要确定受命者是否完全了解

（1）最好让对方复述一次，以确认他是否了解。

（2）一定要让受命者携带备忘录，以便把内容记下来。

4. 经过结果的追踪

对受命者执行命令的结果要进行了解，若受命者未提出报告，应主动地追踪、观察其结果。

（十六）销售人员的报告制度

1. 报告制度的确立

为了及时了解和掌握销售人员的销售情况，销售经理应制订销售人员报告制度，规定销售人员在规定的时间以口头或书面形式向销售经理报告自己的销售情况，销售经理事前决定提出报告的人员、时间及报告方式，销售人员必须严格遵守定期报告制度，不得无故推脱。

2. 接受报告时

（1）应让提出报告者先说出结论，若有时间，应尽量听其说明经过。

（2）口头报告时，接受者需保持热心倾听的表情及态度。

（3）对于书面报告，应审阅。

（4）要指导部属做好口头或书面报告。

（十七）销售业务的改善与合理化

1. 改善与合理化的手续

（1）决定改善合理化的对象（尽量把重点放在效果大的事项上）。

（2）相关业务的实态与调查分析（调查越广泛，越能清楚地了解）。

（3）改善合理化的案件的检讨与决定，需有充分的人员和时间。

（4）案件的实施与修正应迅速地执行（使用新方法，发生障碍时，应除去障碍，修正案件）。

2. 改善与合理化的范围

（1）对全公司的事务或特定的事项，若有专门负责合理化的部门时，除了此一部门应处理的事务外，其余的问题均归自己所管的部门负责。

（2）只要是销售经理的责任权限内的事务，均不可忽视。

十一、项目负责人管理制度

1. 项目负责人指在营销工作中指定的对某项工作拥有权力和责任的人员，全面负责（指定的）所管项目的整个工作，是该项目的重要责任人。

2. 项目负责人由部门经理安排指定，重大项目由销售分公司经理指定。

3. 项目负责人应及时掌握项目进展状况，积极主动与用户及公司内有关部门进行资料、数据、文件等相关信息交流和沟通。

4. 项目负责人负责制定、编制项目周期和计划表，根据周期和计划表进行项目实施和跟踪。

5. 项目负责人要严格按 ISO9000 质量管理体系规定的程序，组织合同评审。

6. 项目负责人负责组织合作方的技术、商务谈判，负责按双方达成的各项协议规定签订合同。

7. 项目负责人在合同生效后，主动代表用户监督合同的执行情况，了解掌握合同的执行状态，发现问题及时协调、沟通和督促有关部门严格执行合同。

8. 项目负责人负责用户来函、来电的回复工作。

9. 项目负责人负责用户的来人、来访接待工作，积极主动去解决用户在合同执行过程中提出的有关要求，并为用户提供必要的资料。

十二、销售人员奖励制度

1. 奖励标准

（1）严格遵守公司、部门、项目组各项管理制度、条例、规定、文件等。

（2）行业基础知识扎实，专业技能强，专业技巧高。

（3）工作认真负责、兢兢业业。

（4）服务态度优秀，服务水准高，并受客户表扬。

（5）团结互助、乐于助人。

（6）个人素质高，职业形象佳。

（7）钻研业务，参加并通过相关考试。

（8）月、季、年等阶段销售业绩名列前茅或个人业务发展快。

（9）对项目、部门、公司提出合理化建议并被采纳。

2. 奖励类型

（1）口头表扬。销售经理、代理部经理、公司领导在销售日会、周会、公司项目例会及公司大会等会议上口头表扬。

（2）书面表扬。公司以文件形式下发到各部门、各项目组，并存入个人档案。重要表扬刊登在公司对外刊物、公司网站上。

（3）给予优先发展机会

①优先补偿接待客户的机会。

②优先考虑晋升的机会。

③优先参加公司出资的各种社会培训或外地考察学习。

十三、销售人员奖惩办法

第一条　奖惩架构

1. 奖励

（1）小功。

（2）大功。

2. 惩罚

（1）小过。

（2）大过。

（3）解职。

（4）解雇。

3. 全年度累计三大过者解雇

4. 功过与考核的折算

（1）记小功一次加当月考核 3 分。

（2）记大功一次加当月考核 9 分。

（3）记小过一次扣当月考核 3 分。

（4）记大过一次扣当月考核 9 分。

第二条　奖励办法

（1）提供公司“营销新构想”，而为公司采用，即记小功一次；该“营销新构想”一年内使公司获利 50 万元以上者，再记大功一次，年终表扬。

（2）业务员主动反映可开发的“新产品”而被公司采用，即记小功一次；该“新产品”一年内使公司获利 50 万元以上者，再记大功一次，年终表扬。

（3）提供竞争品牌动态，被公司采用，记小功一次。

（4）客户信用调查属实，事先防范得宜，使公司避免蒙受损失者（即：呆账），记小功一次。

（5）开拓“新地区”、“新产品”、“新客户”，成效卓著者，记小功一次。

（6）达成上半年业绩目标者，记小功一次；完成全年度业绩目标者，记小功一次；超越年度目标 20%（含）以上者，再记小功一次。

（7）凡公司列为“滞销品”，业务员在规定期限内出清者，记小功一次。

（8）其他表现优异者，视贡献程度予以奖励。

第三条　惩罚办法

（1）挪用公款者，一律解雇。

（2）与客户串通勾结者，一经查证属实，一律解雇。

（3）做私人生意者，一经查证属实，一律解雇；直属主管若有呈报，免受连带惩罚；若未呈报，不论是否知情，记小过两次。

（4）凡利用公务外出时，无故不执行任务者（含：上班时间不许喝酒），一经查证属实，以旷工处理（按日不发给薪资），并记大过一次。若是干部协同部属者，该干部解职。

（5）挑拨公司与员工的感情，或泄露职务机密者，一经查证属实，记大过一次，情节严重者解雇。

（6）涉足赌场或与客户赌博者，记大过一次。

（7）上半年销售未完成销售目标的70%者，记小过一次；全年度销售未完成销售目标的80%者，记小过一次。

（8）未按规定建立客户资料者，记小过一次。

（9）不服从领导指挥者，言语顶撞领导者，记小过一次；不遵照领导命令行事者，记大过一次。

（10）私自使用营业车辆者，记小过一次。

（11）公司规定填写的报表，未交者每次记小过一次。

十四、销售人员工资管理规定

（一）一般规定

第一条 公司销售人员，包括营销总部、营销中心、销售中心、办事处所有员工的工资待遇，除有特殊规定外，均应依照本规定办理。

第二条 本规定由人力资源部制订，并呈报总经理核准后实施，如有未尽事宜，由主管销售的副总及各销售部门经理提出，与人力资源部共同协商后修正，再公布实施。

第三条 本规定在每年年底根据公司的经营情况重新修订一次。

（二）工资制度

第四条 营销总部、营销中心、销售中心、办事处负责人的工资收入实行年薪制。（见本规定（三）年薪制）

第五条 一般销售人员的工资收入实行月薪（基础工资）加绩效奖金制。（见本规定基础工资和绩效奖金）

（三）年薪制

第六条 营销总部、营销中心、销售中心、办事处负责人的年薪标准由公司经理会确定。

第七条 年薪由基薪和风险收入两个部分构成，其中：基薪占年薪的60%，按月度发放；风险收入占年薪的40%，按年度发放。

第八条 基薪月度发放标准按下列公式计算：基本月薪 =（年薪×60%）÷12；基本月薪一经确定，年度内不再变动。

第九条 风险收入按年度公司销售指标完成情况和个人负责区域销售指标完成情况考核浮动发放。

第十条 风险收入年度发放标准按下列公式计算：风险收入 = 年薪×40%×风险收入发放比例。

第十一条 各销售部门负责人按规定领取应得年薪外，不再另外享受一般销售人员的基础工资和绩效奖金。

（四）基础工资

第十二条 一般销售人员的月工资为基础工资，基础工资分为四个等级标准，各等级内级差相同。

第十三条 公司根据各销售员的营业能力、工作实绩、劳动态度等要素，确定不同的基础工资标准。

第十四条 新进销售人员根据本人的技能、销售经历、销售年限确定基础工资标准。试用期两个月，试用期工资按基础工资的70%发放。

（五）绩效奖金

第十五条 绩效奖金根据各销售员的综合业绩，每季度发放一次。

十五、销售人员士气调查管理办法

（一）总则

1. 制定目的

为激励公司销售人员工作士气，以提升销售绩效，完成销售目标，特制定本办法。

2. 适用范围

公司销售人员，均应依照本办法的规定接受士气调查。

3. 权责单位

（1）销售部负责办法制定、修改、废止的起草工作。

（2）总经理负责办法制定、修改、废止的核准工作。

（二）士气调查规定

1. 调查主旨

（1）销售绩效成果，除了公司的组织运作外，最重要的在于销售人员的工作士气。

（2）完成公司所设定的销售目标，销售人员的工作士气是否高昂。

（3）在销售主管指导下，一致合作，愉快而积极地完成职责内的工作。

（4）公司的销售人员士气调查，亦即销售工作情绪调查，其用意在于了解销售人员中有多少人热诚服务于工作目标，并探讨销售组织运作上的问题，作为相关单位改进的指标。

2. 调查重点

销售人员士气调查重点如下：

（1）本公司是否具有向心力。

（2）组织运作是否合理且有效率。

（3）对主管的领导方式、统筹规划是否具有信心。

（4）同事间相处是否和谐。

（5）销售人员精神上的建设是否健全。

3. 调查时间

公司每年一月及七月，定期调查一次。

4. 调查方式

（1）公司销售人员士气调查应以无记名方式进行。

（2）以各销售单位为调查单位。

5. 调查程序

（1）总经理室应排定各销售单位接受调查的预定时间，并事前行文通知。

（2）总经理室在预定时间派员至各销售单位，集合全体销售人员，分发《士气调查问卷》，请大家填写。

（3）接受调查人员应详实填写《士气调查表》，以提供有效信息，作为公司制定政策的参考。

（4）总经理室应于调查完后一周内，将《士气调查表》统计分析并作成报告，报告应包括解决对策。对策内容应包括下列各项：

①提出具体而明确的改善方针。

②销售人员适应性调整组合建议。

③对产生的问题提出分析与检讨。

④提出如何增进组织运作与检讨。

（5）报告应呈总经理审核，副本转销售部各有关主管参考；必要时应召开会议，以商讨解决问题的方案和对策。

（三）士气调查问卷

1. 调查编制

总经理室应将每次的销售人员士气调查作成《士气调查问卷》，《士气调查问卷》应针对本办法的调查重点编制。

2. 问卷内容

总经理室编制《士气调查问卷》，除了应考虑本办法的调查重点外，原则上仍应考虑下列各项调查内容：

（1）公司的方针或指示，是否都能彻底实施？

（2）你对自己目前的工作是否感到满意？

（3）是否有因为指挥工作的人过多，而感到无所适从的情形？

（4）职务或工作上的分配有没有偏颇现象，或感到不满？

（5）直接领导在工作上的指导是否适当？

（6）在工作上，是否需要学习更多的知识或技术？

（7）对于每天的工作，是否觉得倦累？

（8）休息时间是否能够充分利用？

（9）现有的设施，若运用得法，是否还能进一步提高效率？

（10）你认为薪资、奖金的分配公平吗？

（11）你知道你的薪资计算明细吗？

（12）你认为你的薪资计算方法是否太过琐碎？

（13）你觉得工作环境中，哪个地方最不方便？

（14）你工作的周围，有没有危险有害的地方？

（15）你认为改善什么地方最能提高工作效率？

（16）你认为公司的领导者是否十分了解员工的心情或思想？

（17）你认为公司的气氛很好吗？

（18）你是否打算一直在这家公司工作？

（19）你为工作上的事情常与领导商量吗？

（20）你曾为私人的事情常与领导商量吗？

（21）你是否希望常常有与公司领导聚集谈话的机会？

十六、销售人员的客户拜访管理办法

（一）总则

1. 制定目的

为规范客户拜访作业，以提升工作业绩及效率，特制定本办法。

2. 适用范围

公司销售部门的客户拜访，均依照本办法管理。

3. 权责单位

（1）销售部负责办法的制定、修改、废止的起草工作。

（2）总经理负责办法制定、修改、废止的核准。

（二）实施办法

1. 拜访目的

（1）市场调查、研究市场。

（2）了解竞争对手。

（3）客户沟通：

①强化感情联系，建立核心客户。

②推动业务量。

③结清货款。

（4）开发新客户。

（5）新产品推广。

（6）提高本公司产品的覆盖率。

2. 拜访对象

（1）业务往来之客户。

（2）目标客户。

（3）潜在客户。

（4）同行业。

3. 拜访次数

根据各销售岗位制定相应的拜访次数。

（三）拜访作业

1. 拜访计划

销售人员每月底提出次月拜访计划书，呈部门主管审核。

2. 客户拜访的准备

（1）每月底应提出下月客户拜访计划书。

（2）确定拜访对象。

（3）拜访前应事先与拜访单位取得联系。

（4）拜访时应携带物品的申请及准备。

（5）拜访时相关费用的申请。

3. 拜访注意事项

（1）服装仪容、言行举止要体现本公司一流的形象。

（2）尽可能地建立一定程度的私谊，成为核心客户。

（3）拜访过程可以视需要赠送物品及进行一些应酬活动（提前申请）。

（4）拜访时发生的公出、出差行为依相关规定管理。

4. 拜访后续作业

（1）拜访应于两天内提出客户拜访报告，呈主管审核。

（2）拜访过程中答应的事项或后续处理的工作应及时进行跟踪处理。

（3）拜访后续作业之结果列入员工考核项目，具体依相关规定。

十七、营销员守则

1. 每位销售人员应遵守国家法律法规，遵守公司各项规章制度。热爱公司，热爱本职工作。维护公司利益，保守公司机密。

2. 上级应对下级一视同仁，指导关心下级。下级应尊重上级。各同仁团结协作，完成工作任务，实现个人发展。充分体现公司理念。

3. 销售人员应注意自己的穿着。公务时应穿职业装，注意个人卫生，保持衣着鞋袜的整洁，不要蓬头垢面。男士头发宁短勿长，女士勿浓妆艳抹。

4. 销售人员需注意个人形象，严禁在公共场合做出不文明的举动，如抠鼻挖耳、随地吐痰、乱丢果皮纸屑等。

5. 我们与客户的关系不是简单的商品买卖关系，而是互利互惠的伙伴，应该相互合作、共同发展。

6. 作为一名专业的销售人员，应该非常了解产品的功能、效用和质量指标以及相关产品知识背景等，尽量准确回答有关产品方面的问题；对于不清楚的问题，应委婉巧妙地解决，切忌信口开河。

7. 每次公务前，需明确自己的任务、目的，对访问过程进行预演。准备好此次访问所需的物品，如名片、样品资料、各种证照等。

8. 访问客户时应充分考虑到客户是否方便。访问前事先与客户打招呼，讲明来意，约定时间。访问后与客户保持联系。

9. 与客户交谈时要态度诚恳，表情自然，不要惊慌失措，畏畏缩缩。做一名聆听者，仔细分析对方意图。不要高谈阔论、打断他人说话、左顾右盼、随意看表。回答问题时，声音不宜过大，以对方听清楚为宜，表达简洁明了。

10. 吸烟的销售人员在访问客户时不要吸烟，除非对方敬烟。

11. 会谈结束后应礼貌地与客户握手道别，哪怕未能成交。

12. 没有把握的事情一定不要做出承诺。

13. 务必记住每位客户的称谓，以表明他的重要。

14. 每天务必做好每日工作笔记。

15. 经常反思准备、计划、访问、洽谈、订货、交货、回款、自我评价及改善等活动的全过程，以便提高自己与人交流的能力。

十八、营销人员培训制度

第一条　目的

为了达到合适的岗位有合适的人才，提高人力资源整体水平，特制定本制度。

第二条　适用范围

本制度适用于××××营销公司。

第三条　主要内容

1. 培训分类

（1）上岗引导培训：使新员工掌握关于企业的基本背景信息（发展历程、公司制度等），熟悉工作环境，了解工作基本要求，从而达到企业所期望的个人态度、工作规范、价值观和行为模式，完成新员工的企业化过程。

（2）在职培训：使员工熟练掌握本职位所必需的专业技能和技巧，提高工作效率，顺利开展工作，达到工作目标。

（3）职业培训：根据员工个人的可塑性和个人意愿，将员工看做公司增值的资源，为员工制订职业生涯计划，进行相关的职业培训，以适应公司未来的需求，同时提高员工自身价值。

（4）目标培训：为实施某些整体目标管理下的组织体系的员工学习活动。

（5）支持培训：随着社会科技与管理理论的发展，作为营销管理和业务人员应不断掌握新的思维方法、新的管理方法、新的信息处理手段、新的办公系统等，因此，要对他们进行支持性培训，使公司员工紧跟时代步伐，及时应用新的技术手段为工作服务。

2. 培训计划的实施程序

（1）相关部门确立培训目标和与专业相关的培训需求。

（2）营销办公室制订营销公司培训计划。

（3）根据不同的培训层次和培训内容，选择培训手段和制订培训教案。

（4）培训计划的实施。

（5）培训效果的评估。

3. 培训记录

（1）所有的培训须做好记录（签到、考试成绩情况登记等）。

（2）培训记录作为员工升职、工作转换及其他人事工作目标的重要基础依据。

第四条 营销公司人员专业技能培训参考表（略）

十九、导购代表管理规定

第一条 目的

为适应市场激烈竞争，提高企业营销的力量，以及加强导购人员的综合素质水平，特定本规定。

第二条 适用范围

本规定适用于××××营销公司各分公司、办事处导购代表的管理。

第三条 导购管理职责

1. 导购管理组织架构（附表略）

2. 导购代表管理职责

（1）营销公司市场推广部是导购代表的归口管理部门，负责导购代表管理制度的制订，分公司导购管理的考核，导购培训计划的制定，导购代表的工资核查、统计，档案的管理工作。

（2）分公司、办事处负责导购代表的招聘工作。

（3）分公司、办事处负责导购代表的工作表现与日常促销实绩的考核管理工作。

（4）分公司、办事处负责对导购代表日常培训的指导。分公司、办事处负责导购代表月度工资的核实及申报工作。

（5）营销公司市场推广部做好全国各省导购代表的综合考评、筛选工作，同时做好月度导购代表工资的核查，以及工资发放工作。

（6）营销公司将对所有在岗的导购代表进行电话或者现场督查，并做好每月的登记入册工作。如发现不在岗，即可解聘当事的导购代表。

（7）营销公司市场推广部有权对虚报销量的导购代表予以处罚，同时对玩忽职守的相关人员予以处罚。

第四条 管理内容

1. 导购代表设置条件

各分公司、办事处根据总部有关规定和各省实际情况，按照影响力足以达到可支撑公司品牌形象或者具有一定的销售能力为原则进行导购设置。

（1）根据年度各分公司、办事处网点设置及销售任务，对A、B类网点派驻导购代表，原则上A类网点2名，B类网点1名，公司首先把考核的重点放到A、B类网点上。

（2）××××年销售目标在××万元以上并在2月底以前完成××万元的客户。

（3）营业面积不少于60平方米的商店。

（4）导购代表淡、旺季分配计划见表。（略）

（5）属于以下几种情况之一的网点，不予以派驻导购代表：

①没有××××营销专柜的网点。

②营业面积小于30平方米的专业店。

③每天提货量少的网点。

④可以不派驻导购代表的专卖店。

⑤销售量虽大，但其他竞争品牌并没派驻导购代表，并且上年度也没派驻导购代表。

2. 导购代表聘用条件

（1）性别不限，女性为主。年龄在20~35岁之间为佳，女性身高1.55米以上，男性身高在1.65米以上。

（2）条件：

①学历：原则上需具备高中以上学历；

②仪表：相貌端正，仪态稳重大方；

③谈吐：语言表达能力强；

④性格：外向活泼，善于与人沟通；

⑤作风：热爱促销工作，对工作尽职尽责，吃苦耐劳。

（3）严禁聘用商家的亲属员工，一经发现，将严格查办。

3. 导购代表聘用形式

（1）公开、公平、公正。

（2）原则上，在原导购人员中进行招聘、筛选。

（3）为提高招聘工作质量，各省可在当地打出报纸广告，公开、公正地招聘导购代表，择优录取。分公司、办事处对导购代表的招聘结果负全部责任。

（4）挖掘售点竞争品牌优秀的导购人员或有营业经验售点的销售人员。

（5）利用各省市人才市场、媒体、网上招聘。

4. 导购代表聘用程序

（1）分公司市场推广经理（或办事处经理）根据公司制定的《导购代表考评

标准》，编制省、区域导购代表考评计划，并根据《导购代表淡、旺季分配计划》中导购代表数量、区域分布情况，分配各区域聘用人数，统一进行阅卷考试。分公司经理负责总体监控及把关工作。

（2）分公司、办事处将考评合格的导购代表资料（要求交个人工作简历、身份证复印件、照片 2 张、学历证复印件；导购代表聘用表、试卷、面试成绩、银行存折复印件各式一份）汇总、审核后，报营销公司市场推广部部长审批备案，方可上岗。

（3）未经分公司、办事处经理同意，严禁擅自安排导购代表上岗，否则其工资由责任人支付，导购代表工资从分公司、办事处经理审批之日起计算。

（4）被录用的导购代表由分公司、办事处经理（或分公司市场推广经理）对其进行统一的工作安排，不服从安排的视其自动离职，不予发放工资。

（5）导购代表必须认真填写聘用登记表，并务必将银行存折的复印件附在表后。

（6）要求各分公司、办事处对在编的每位导购代表签订劳动合同，并购买社会保险。同时对聘用的导购代表进行上岗前培训。

第五条 导购代表工资发放程序

1. 导购代表工资结算标准

（1）导购代表工资结算的标准为：基本底薪 + 奖金提成两部分组成。

（2）公司销售季节的促销商品（降低商品）不计提成。

2. 导购工资计算标准

营销公司市场推广部统一调配导购员费用资源，并核算出各省分公司全年导购员聘任名额和工资总额，同时提供分公司导购员工资核算的参考标准。若分公司对核算标准无异议，可参照执行。也可根据各省实际情况制定当地执行标准，在执行前必须报市场推广部审核确定后，送财务科备案后方可生效。

（1）各省导购员名额可根据当地开拓的实际情况，进行调配。

（2）各省导购员工资总额为该省导购员工资的最高额度，不能超支，超支部分在公司包干费中列支。

（3）市场推广部提供的导购员工资标准为参考标准，为该省商场的最高标准，分公司的参考标准应体现地区消费水平、差异，允许上下浮动 20%。

（4）调整原则为降低保底工资，提高销售提成。

（5）确定每类商场的保底销售数量，若完成或超额完成当月保底销量时，导购代表的当月薪酬计算公式是：

薪酬 = 底薪 + 提成

（6）连续三个月不能完成销售目标的立即撤换。

3. 导购代表工资发放程序

（1）导购代表当月工资计发办法为：隔月发放。

（2）导购代表提成计发日期从每月的26日至下月的25日，各分公司、办事处将导购代表零售情况统一汇总后，在每月的30日前将《导购代表工资汇总表》传真给营销公司市场推广部。

（3）当月的原始工资月报表如《导购代表销售日累计报表》、《导购代表零售月报表》、《导购代表工资汇总表》在下个月的15日前邮寄给市场推广部，以备核查，同时将新增加的导购代表档案邮寄给市场推广部。

（4）导购代表的各类报表必须由所在商场经理签字盖章，分公司、办事处经理签字后，方可计发工资。

（5）每月的1日至5日前，营销公司市场推广部将导购代表的提成进行核算、汇总、报批，每月的10日至25日前由财务科将导购代表的工资发放到位。如因报表审批手续不全，耽误工资发放的，由当事人自行负责。

（6）营销公司市场推广部每月的15日至25日前，根据导购代表销售报表对销量进行检查，如查出有虚报数量或填报不实者，将追究当事人及分公司、办事处经理责任。

（7）严禁任何形式的兼职，一旦发现，当场辞退。

（8）导购代表试用期两个月，试用期连续无销量的，予以解聘。

第六条　导购代表培训

1. 岗前培训

分公司、办事处组织对新招聘导购代表上岗前集中培训，主要让导购代表了解企业和产品，熟悉各项规章制度。

2. 例会培训

分公司、办事处利用每周或每月的例会，对导购代表进行培训，以帮助解决导购代表工作中存在的问题和困难，互相交流、学习，提高导购技巧。

二十、业务员教育训练办法

1. 针对“新进业务员”（含：刚升为业务员者）

（1）分公司经理应立即呈报营业部经理，由营业部经理安排“新进业务员”到总公司受训。

（2）讲师：营业部经理。

（3）受训的最后一节课由总经理讲话。

2. 针对“分公司全体业务员”

分公司全体业务员每年到总公司集训两次，每次两天。总公司安排课程和讲师（含：内聘、外聘）。

3. 分公司下列人员可以参加企管顾问公司的讲习课程

（1）表现良好的业务员和表现良好的其他人员即将升为业务员者，可参加“业务员训练课程”。

（2）分公司经理和主任可参加“营业主管”、“营销”、“会计、财务”、“法务”、“领导统筹”等课程。

4. 其他

（1）请各分公司经理随时将表现良好的业务员和即将升为业务员的其他人员名单，呈报营业部经理，并安排参加企管顾问公司的讲习课程。

（2）分公司人员参加企管顾问公司的讲习课程，“学费”由总公司负担，其他“交通费、膳宿费”等由分公司自理。

（3）参加企管顾问公司讲习课程的人员，将书面教材复印一份交总公司，供总公司今后有关人员进修研习。

二十一、业务员开拓新客户奖励办法

第一条　奖励主旨

1. 开拓新经销店，强化销售渠道

2. 提高利润

第二条　具体办法

1. 期间

××××年×月×日至××××年×月×日。

2. 奖励对象

营业部全体业务员。

3. 奖励名额

10 名。

4. 奖励条件

依下列评审标准核计每一位业务员的“总点数”，前 10 名者入围。

（1）平均进货点数。

经销商进货点数统计表

新经销店每月平均进货金额	点数
50 万元	32
40 万元	24
30 万元	20
20 万元	16
10 万元	11

核计方式：
计算每一个新经销店每月平均进货金额，核定点数。
（2）完成率点数。

销售完成点数统计表

完成百分比	销售点数
120% 及以上	60
110% 及以上	55
100% 及以上	50
90% 及以上	42
80% 及以上	33
70% 及以上	26
60% 及以上	20
50% 及以上	15
40% 及以上	11
30% 及以上	8
20% 及以上	6

核计方式：

①（该业务员××××年×月×日总店数）－（××××年×月×日总店数）＝净增销售点。

② $\frac{\text{净增销售点}}{\text{规定开拓店数}}$ ＝完成率。

③以完成率核定销售点。

（3）月份开拓的网点

开拓网点进度表

开拓月份	销售网点
1月	20
2月	18
3月	16
4月	14
5月	12
6月	10

核计方式：

业务员每一新经销店按其开始进货月份核定销售网点数。

二十二、经销店技术服务奖励办法

（一）奖励对象

凡公司经销店，已办好抵押，并签有年度销售目标者。

（二）奖励办法

1. 名额设定

按各店签约目标级别设定标准技术服务人员名额如下：

标准技术服务人员名额设定表

年度目标	经鉴定合格的标准服务人员名额
240万~600万元	1人
600万~1200万元	2人
1200万~2400万元	3人
2400万~3600万元	4人
3600万元以上	5人

2. 奖金发放

各店应按标准技术服务人员名额推荐人选，经公司技术鉴定合格，从当日起核发该店应得奖金。

3. 各店推荐技术服务人选的资格标准

（1）本科以上或相关专业毕业者。

（2）本科以上毕业且有一年以上的技术服务经验者。

以上人员均为男性，并有资格证书。

4. 本公司每月定期举办技术服务人员技术鉴定考试

各店要在每月5日以前备齐有关证件并提出申请，经核准后通知各店人选参加考试。

5. 举办讲座

本公司视实际需要，不定期举办技术服务人员技术讲座，各店推荐人选参加培训。

（三）奖励内容

凡经公司技术服务鉴定合格的经销店可获下列奖励：

（1）服务奖励金为每季进货净额的0.5%，季度完成率90%以上未达100%者按0.4%发给，80%以上未达90%者按0.3%发给，80%者以下不发。

其计算方式：$\text{季度进货净额} \times 0.5\% \times \frac{\text{合格服务人数}}{\text{基准服务人员名额}} \times \frac{\text{季服务鉴定合格月数}}{3}$

（2）免费发给员工工具箱及制服各一套。

（3）优先参加技术服务讲解。

（4）优先发给技术服务资料。

（5）免费代为宣传、广告及推广服务。

（6）发给服务技术鉴定合格证明。

（7）优先享受本公司业务辅导。

（四）经销店的义务

（1）对本公司产品给予全面优先、便捷的售后服务，不论该产品是否由该店售出。

（2）诚意接受本公司的服务收费标准。

（3）严格遵守本公司的服务收费标准。

（4）严格遵守商业道德，不得中伤同业者。

（5）确保顾客利益，保证一定免费服务。

（6）负担技术人员一切薪资津贴等费用。

（7）各店技术人员每日填写《服务日报表》，并逐日传真给公司，以便本公司凭其核发奖励金。

（8）遵守本公司其他规定事项。

（五）奖金发放日期

每季度一次。经销商要凭印有本公司名头的发票，以进货折让名义领取。

（六）奖金资格审核

若经销商或其技术服务人员未能确实履行其所应尽的义务者，被公司发现，第一次给予警告，第二次减半发给全季度的服务奖励金，第三次取消全年度服务奖励。

（七）实施时间

本办法经核准后实施，并暂定××××年度内有效。

二十三、经销店分期付款奖励办法

第一条 奖励宗旨

（1）激励经销商推行分期付款销售业务。

（2）拓展公司产品的销售渠道。

（3）引导未能以现金购买的客户，以分期付款的方式购买。

（4）吸引欲对其他品牌分期购买的顾客。

第二条 奖励对象

本公司品牌所属经销店。

第三条 奖励内容

凡推行分期付款的经销商，于成交后（以收到第一期款为准），按分期总价款给予×%佣金。

第四条　奖金核算

（1）经销商推行分期付款按每季累积依下列标准核发佣金。

季度佣金核算表

奖励%	每季推行情况		
	A级区域	B级区域	C级区域
2.0%	100万元以上	75万元以上	50万元以上
1.8%	75万元以上	50万元以上	40万元以上
1.6%	50万元以上	40万元以上	30万元以上
1.4%	40万元以上	30万元以上	20万元以上
1.3%	30万元以上	20万元以上	15万元以上
1.2%	20万元以上	15万元以上	10万元以上
1.1%	15万元以上	10万元以上	7万元以上
1.0%	10万元以上	7万元以上	5万元以上

（2）效益奖金，每季核发一次。

（3）经销商需凭本公司名头发票，以"分期付款佣金"、"奖励金"等名义领取。

第五条　奖励期间

本办法实施于××××年×月×日至××××年×月×日。

二十四、经销店店面陈列奖励办法

1. 奖励对象

本公司所有经销店。

2. 奖励期间

××××年×月×日起至××××年×月×日止。

3. 陈列标准

（1）陈列本公司品牌产品，其陈列面积要占全店总陈列面积2/3以上。

（2）需陈列或悬挂本公司宣传海报。

（3）新经销店至少有3个月以上的创收。

4. 评核方式

（1）印制经销店陈列状况检评表。

（2）由业务员每半个月评分一次。经分公司最高主管签字确认后，于每月2日、16日前将评分表寄交企划部。

（3）另由市场推广人员每月评分一次，经市场部经理签章确认后，于每月2日前将评分表寄交企划部。

（4）企划部人员不定期分赴各经销店抽查评分。

（5）业务员或市场推广人员评分不实者，酌情处理。

（6）凡于××××年12月份以前，对有一次评分（含：业务员、市场推广组、企划部的评分）不符合规定者予以警告，并要求立即改正。若两次评分不符合规定或××××年的评分不符规定，取消本经销店奖励金。

5. 奖励方式

（1）合乎陈列奖励条件的公司经销店，按奖励期间的累积进货净额1%发给陈列奖金。

（2）经销店如设有分公司或分店者，其分公司或分店也应按规定陈列布置，否则根据其合乎陈列奖励标准的店数占总店数的比例发给奖金。

$$陈列奖金=进货净额\times 1\%\times\frac{合乎陈列奖励的店数}{总店数}$$

（3）奖金预定××××年2月底发放。

二十五、鼓励员工提出建议的实施办法

第一条 本公司为倡导员工参与管理，并激励员工就其平时工作经验或研究心得，对公司业务、管理及技术，提供建设性的改善意见，借以提高经营绩效，特制定本办法。

第二条 本公司各级员工对本公司的经营，不论在技术上或管理上，如有改进或革新意见，均可向人事部索取建议书，将拟建议事项内容认真填写。如建议人缺乏良好的文字表达能力者，可洽请人事部经理或单位主管协助填列之。

第三条 建议书内应列的主要项目如下：

（1）建议事由：简要说明建议改进的具体事项。

（2）原有缺失：详细说明在建议案未提出前，原有情形之未尽妥善处以及应予改进或革新意见。

（3）改进意见或办法：详细说明建议改善的具体办法，包括方法、程序及步骤等项。

（4）预期效果：应详细说明该建议案经采纳后，可能获致的成效，包括提高效率、简化作业、增加销售、创造利润或节省开支等项目。

第四条 建议书填妥后，应以邮寄或面递方式，送交人事部经理亲收。

第五条 建议书内容如无具体的改进或革新实施办法，或不具真实姓名者，人事部经理得以内容不全，不予交付审议；其有真实姓名者，应由人事部经理据实委婉签注理由，将原件秘密退还原建议人。

第六条 本公司为审议员工建议案件，设置员工建议审议委员会（以下简称审委会），由各单位主管为当然审议委员，经营会议经理为召集人，必要时，人事部经理可与召集人洽商后邀请与建议案内容有关的主办单位主管出席。

第七条 审委会的职责如下：

（1）关于员工建议案件的审议事项。

（2）关于员工建议案件评审标准的研究制订事项。

（3）关于建议案件奖金金额的研究事项。

（4）关于建议案件实施成果的检讨事项。

（5）其他有关建议制度的研究改进事项。

第八条 人事部收受建议书后，认为完全者，应即于收件 3 日内编号密封送交审委会召集人，提交审委会审议。如因案情特殊，得由审委会另行洽请与该建议案内容有关的人员先行评核，提供审委会作为审议依据。

前项审委会的审议除因案件特殊者得延长至 30 天外，其他应于审委会召集人收件日起 15 天内完成审议工作。

第九条 本公司员工所提建议，具有下列情形之一者，应予奖励：

（1）对于公司组织研究提出调整意见，能收精简或强化组织功能效果者。

（2）对于公司商品销售或售后服务，研究提出具体改进方案，具有重大价值或增进收益者。

（3）对于商品修护的技术，提出改进方法，值得实行的。

（4）对于公司各项规章、制度、办法提供具体改善建议，有助于经营效能提高者。

（5）对于公司各项作业方法、程序、报表等，提供改善意见，具有降低成本、简化作业、提高工作效率的功效者。

（6）对于公司未来经营的研究发展等事项，提出研究报告，具有采纳价值或效果者。

第十条 前条奖励的标准，由审委会各委员依员工建议案评核表各个评核项目分别逐项研讨并评定分数后，以总平均分数拟定等级及其奖金金额。

第十一条 建议案经审委会审定认为不宜采纳施行者，应交由人事部经理据实委婉签注理由通知原建议人。

第十二条 建议案经审委会审定认为可以采纳并施行于本公司者，应由审委会召集人会同人事部经理于审委会审定后3日内，以书面详细注明建议人姓名、建议案内容及该建议案施行后对公司的可能贡献、核定等级及奖金数额与理由，连同审委会各委员的评核表，一并报请经营会议复议后由总经理核定。

经审委会定其等级在第四等以下者，由审委会决议后即按等级发给奖金。经经营会议复议后认为可列为十等者，应呈请董事长核定。

第十三条 为避免审委会各委员对建议人的主观印象，影响评核结果的公平，人事部经理在建议案未经审委会评定前，对建议人的姓名应予保密，不得泄露。

第十四条 建议的案件如系由两人以上共同提出者，其所得的奖金，按人数平均发给。

第十五条 有下列各情形之一者，不得申请核奖：

（1）各级主管人员对其本身职权范围内所作的建议。

（2）被指派或聘用为专门研究工作而提出与该工作有关的建议方案者。

（3）由主管指定为业务、管理、技术的改进或工作方法、程序、表报的改善或简化等作业，而获致的改进建议者。

（4）同一建议事项经他人提出并已获得奖金者。

第十六条 本公司各单位如有任何问题或困难，需求解决或改进时，经呈请总经理核准后公开向员工征求意见，所得建议的审议与奖励，依本办法办理。

第十七条 员工建议案的最后处理情形，应由人事部通知原建议人，员工所提建议，不论采纳与否均应由人事部负责归档。经核定给奖的建议案，应在公司公布栏及部分月刊中表扬。

第十八条 本办法经呈请总经理核准后公布施行。

二十六、鼓励员工提出创意提案的管理制度

（一）目的

第一条 为启发全体员工的想象力，集结全体员工的智慧与经验，提出有利于本公司生产的改善及业务的发展，以便降低成本、提高质量、增进公司经营、激励

同仁士气，特制定本办法。

（二）范围

第二条　提案内容针对本公司生产、经营范围、具有建设性及具体可行的改善方法。

（1）各种操作方法、制造方法、生产程序、销售方法、行政效率等的改善。

（2）有关机器设备、维护保养的改善。

（3）有关提高原料的使用效率，改用替代品原料，节约能源等。

（4）新产品的设计、制造、包装及新市场的开发等。

（5）废料、废弃能源的回收利用。

（6）促进作业安全，预防灾害发生等。

第三条　提案内容如属于下列各项范围，则认为是不适当的提案不予受理：

（1）攻击团体或个人的提案。

（2）诉苦或要求改善待遇的提案。

（3）与曾被提出或被采用过的提案内容相同的提案。

（4）与专利法抵触的提案。

（三）提案

第四条　提案人或单位，应填写规定的提案表，必要时另加书面或图表说明，投入提案箱。每周六开箱一次。

（四）审查

第五条　审查组织

（1）各厂成立“提案审查小组”由有关主管组成。

（2）公司成立“提案审查委员会”由各厂长及公司有关部门主管组成并设执行秘书。

第六条　审查程序

（1）各提案表均要先经各厂提案“审查小组”初审并经评分通过后，汇报“提案审查委员会”。

（2）“提案审查委员会”每月视提案需要，以召开1～2次委员会，审查核定各小组汇送的提案表及评分表，必要时并请提案人或有关人员列席说明。

第七条　审查准则

（1）提案审查项目及配合

①动机20%。

②创造性15%。

③可行性25%。

④回收期投资30%。

⑤应用范围10%。

（2）成果审查项目及配合

①动机15%。

②创造性20%。

③努力程度15%。

④投资收回期25%。

⑤同效益25%。

（五）处理

第八条 采用的提案：交由有关部门实施，除通知原提案人外，并予列管及实施成效检查。

第九条 不采用的提案：将原件发还原提案人。

第十条 保留的提案：需要经较长时间考虑者，先将保留理由通知原提案人（一般期限以三个月为限，但经委员会同意可延长至六个月）。

第十一条 成果检查。

（1）对于实施的提案，各实施部门应认真执行，每月应填写成果报告表呈直属主管核定后，转呈各厂“提案审查小组”经三个月的考核，并予评分后，再呈提案审查委员会。

（2）“提案审查委员会”依“审查小组”所报的成果报告表及评分表详作审查核定。

（六）奖励

第十二条 提案奖励：改善提案经“审查委员会”评定，凡采用者发给1200~6000元的提案奖金，未采用者发给50元的奖金。

第十三条 成果奖励：“审查委员会”依提案改善成果评分表，可核给500~10000元的奖金。

第十四条 特殊奖励：提案采用实施后，经定期追踪效益，成果显著绩效卓越者，由委员会核计实际效益后，报请核发20000~100000元的奖金。

第十五条 团体特别奖：

以科为单位，六个月内，每人平均有采用四件提案以上发给前三名特别奖：

第一名：锦旗及奖金5000元。

第二名：锦旗及奖金3000元。

第三名：锦旗及奖金2000元。

（七）附则

第十六条 提案内容如涉及国家专利法者，其权益属本公司所有。

第十七条 本办法经呈董事长核定后公布实施，修改时亦同。

二十七、公司考核管理制度

为了构建科学有效的考核体系，创造良好的工作环境，定期检查和改善员工工作的积极性，最大限度地发挥其潜能，引导员工走向企业认同的模式及价值标准，特制定本办法。

本办法适用于集团公司考核管理工作。

1. 绩效考核的目的

科学、客观地反映员工实际工作表现，促进员工发挥专长和改善工作，监督个人工作目标的实现，为薪资调整和员工的能力提升与发展提供可靠的依据。

2. 绩效考核的原则

（1）公开化的原则：明确规定绩效考核的标准、程序和责任，并在执行中严格遵守，按期公开考核结果。

（2）客观、公正评价的原则：在尊重客观事实的基础上，将被考核者的工作实绩与既定标准比较，客观、公正地进行评价。

（3）反馈的原则：将考评结果和改进意见直接反馈给被考核人，通过沟通肯定成绩，指出不足，提出今后改进工作的意见。

（4）沟通的原则：通过对话和合作的方法，平和地解决问题，激发员工的工作积极性，有效地挖掘潜能。

（5）审计的原则：所有指标的完成数据以财务审计结果为最终依据。

3. 管理职责

集团公司设考核委员会，定期召开考核会，对集团公司副总经理、总经济师、总工程师、总会计师，集团公司中层管理人员进行考核评价。考核委员会由7～9名成员组成，包括：集团公司董事长、总经理、常务副总经理、副总经理和集团公司的各部门正职。

集团公司人力资源部全面负责集团公司考核管理工作，设独立考核人，独立考核人在考核管理工作中不受任何管理层级的约束和授意，有权依据考核管理办法，严格实施对集团公司考核全过程中的管理和监督。有权处置考核全过程中出现的各种问题，有权越级向集团公司最高级领导报告考核工作。

4. 考核级次

集团公司实行逐级考核。

集团公司总经理由董事会考核。

集团公司部门正职由该部门主管领导考核。

集团公司常务副总经理、副总经理、总经济师、总工程师、总会计师由总经理考核。

部门正职以下人员由本部门领导考核。

各分公司总经理由集团公司常务副总经理考核，集团公司人力资源部和财务会计部协助收集、整理考核资料，考核结果报集团公司总经理审批后确定。

对各级人员的特殊奖励，均由其直接上级提出奖励建议，报上一级领导批准后执行。

5. 考核形式

对集团公司总经理实行直接上级考核的形式。

对集团副总经理、总经济师、总工程师、总会计师和部门正职领导实行以直接上级考核为主、考核会评价结果为辅的形式，多方面收集考核信息，最大限度地实现考核公正性。

对部门正职以下员工实行直接上级考核，集团公司人力资源部督导、确定考核结果的形式。

6. 考核周期

（1）按照不同职位（或岗位）分别实行月、季、半年、年度绩效考核。

（2）对集团公司总经理实行半年考核。

（3）对集团公司常务副总经理实行季考核、年终考核。

（4）对集团公司副总经理、三总师实行季考核。

（5）对分公司、子公司行政正职实行月考核、年终考核。

（6）对集团公司部室工人岗位人员实行日考核、月考核。

7. 考核内容及时间

（1）对集团公司总经理的考核按集团公司《总经理目标承包责任书》及其附表进行考核，于当年7月15日和次年1月15日前完成。

（2）对集团公司常务副总经理的考核按集团公司《常务副总经理目标承包责任书》及其附表进行考核，每季首月10日前完成（节假日顺延）。

（3）集团公司副总经理、总经济师、总工程师、总会计师根据目标责任书分别确定考核内容，编制考核表，包括：个人述职、考核会评价结果和直接上级考核等内容。

每季首月10日前召开集团公司季度考核会（节假日顺延），首先由本人对上季度工作完成情况进行自我评价（述职），然后由考核委员会成员按绩效考核互评表内容对其进行评价，其结果占当季考核结果的30%；直接上级在参考上述评价结查的同时，按考核表内容实行考核，其结果占当季考核结果的70%。

（4）公司、子公司总经理按照目标承包责任书内容及其考核表进行月度考核、年终考核。包括个人述职、公司、子公司经营状况、考核会评价结果和集团总公司直接考核等内容。

（5）集团公司部室中层管理人员根据岗位描述分别确定考核内容，编制考核表，包括：个人述职、考核会评价和直接上级考核等内容。

每月 10 日前召开集团公司月季考核会（节假日顺延）。首先由本人对上月工作完成情况进行自我评价（述职），然后由考核委员会按绩效考核互评表内容对其进行评价，其结果占当月考核结果的 30%；直接上级在参考上述考核结果的同时，按考核表内容进行考核，其结果占当月考核结果的 70%。

（6）集团公司部室中层以下管理人员、工人岗位人员由集团公司人力资源部提出具体要求，各部门经理根据各岗位工作性质及岗位描述分别制定每个人的考核内容，报集团公司人力资源部同意后备案。每月 5 日前由直接上级完成考核工作，并将考核结果报集团公司人力资源部审查。

对工人岗位的考核由其直接上级根据每人每天出现的问题进行记录和考核，并将加减分情况及时在考核结果表上进行登记。

8. 考核结果的计算

各种考核结果均实行百分制。

为避免同级人员由不同上级考核所造成的考核结果不平衡，对同级人员的考核结果必须符合正态分布，分别是 95～100 分占 10%；80～95 分占 70%；80 分以下占 20%。

9. 考核结果的兑现

（1）集团公司总经理、常务副总经理、分公司、子公司总经理的考核结果按集团公司薪酬福利管理办法兑现考核期收入；其他人员的考核结果按集团公司薪酬福利管理办法兑现当期奖励工资。

（2）非按承包形式兑现年度收入的人员，其集团公司全体人员累计平均考核结果即为年终绩效考核结果，是年终奖励和下年度晋级的依据。

（3）考核结果出现以下情况时，按集团公司《中高级管理人员管理权限及任免程序的规定》对有关人员进行相应处理。

①集团公司常务副总经理，分公司、子公司总经理连续三个月完不成主要承包指标的，解聘其现任职务。

②集团公司副总经理、三总师、中层干部连续三个月考核结果 70 分以下的，解聘其现任职务，待岗培训。

③一般管理人员、工人岗位人员连续三个月考核结果 70 分以下的或累计六个月考核结果排名末位的，调离现岗位，待岗培训。

10. 考核工作管理与监督

（1）集团公司考核工作由集团公司人力资源部统一管理，负责收集、汇总各层次考核资料、考核结果，监督考核工作程序，并建立员工绩效考核档案。

（2）考核结果逐期在公司公开栏公布。

11. 集团公司党委系统人员的考核参照本办法执行。

本办法由集团公司考核委员会负责解释。

二十八、营销系统绩效考核管理制度

1. 职责与责任

（1）营销管理委员会。

①本绩效考核制度的制定、解释、修改的责任和权限在营销管理委员会。

②违反本制度的处罚的决定权在营销管理委员会。

③所有考核的解释、最终评定权在营销管理委员会。

（2）营销系统各级管理者。

①在考核中要以目标为导向，对员工进行合理、公平的评价。

②各级管理者要认真履行对员工完成目标的支持和辅导责任。

③各级管理者要不断提高管理技能，有效与员工沟通。

（3）下属员工。

①员工有权对考核过程中不公平、不全面的操作进行投诉。

②员工可以对本制度提出积极的建议。

（4）营销管理部。

①营销系统绩效考核执行机构是营销管理部。

②每个季度及时组织自上而下的《季度目标承诺、绩效记分表》的制定和检查，及时归档。

③检查各级管理者对绩效目标的完成过程和辅导情况。

④每个季度及时组织自下而上绩效评估、提成计算。

⑤负责完成每个季度营销系统考核汇总和分析，及时提交营销管理委员会审核，及时反馈和沟通审核结果。

⑥受理考核投诉，并跟踪处理。

⑦负责回答在制度执行过程中的问题。

2. 考核的指标设计

（1）考核指标是根据公司业务的目标和执行情况、被考核人职责范围、外部条件等因素进行设计，并在上述各种因素发生变化时进行适时的调整与变更。

（2）考核指标和权重的设置应该体现公司的营销目标和市场战略政策。指标设置应尽量客观与可量化。

(3) 根据公司整体业务状况及被考核人的实际情况，目标完成应该切实可行。

(4) 对一线的销售人员，考核指标应以销售业绩为主，管理目标为辅。随着管理责任的增加，各级管理者的管理责任的指标权重相应增加。

(5) 目标的设定，考核人与被考核人应进行充分沟通，并对目标达成共识。被考核人承诺目标后，原则上不能在考核期间内更改指标及其数值。

二十九、业务员佣酬及考核晋升制度

1. 佣酬（核实业绩）

(1) 固定薪资。

(2) 交通补助。

(3) 手机补助。

(4) 业务奖金：当月业绩完成基本责任额时，可领取业务奖金×××元人民币。

(5) 餐费补助金：每月补助餐费为×××元人民币。

(6) 达成奖金：当月业绩额超过规定指标时，开始领取达成奖金。奖金比例可按不同企业不同要求而定。

(7) 持续奖金：每周业绩达到一定数额以上，连续3周，发放持续奖金。

(8) 杰出奖金：当月业绩超过较高数额时，加发杰出奖金。

(9) 年终分红：当次年农历春节仍然在职者，可领取年终分红。

年终分红的额度为个人全年业绩额的一定比例。

(10) 业绩定义：

①当成交价等于定价时，业绩以成交价的百分之百计算。

②当成交价不等于定价时，业绩的计算方式由市场部主管会同总公司财务部确定后决定。

③开拓经销商及代理商业务，不列入业绩计算，酬佣办法另订。

④受理业绩：当财务部接到客户订金——“整笔订单业绩额”。

⑤核实业绩：当财务部接到客的尾款后“整笔订单业绩额”。

(11) 酬佣的计算均以核实业绩计算。

2. 考核（核实业绩）

(1) 业绩考核：每月基本业绩考核额度为×万元。

(2) 工作考核：

①差勤考核：要按公司规定办理。

②活动量考核：

每周拜访量不低于 13 个（拜访量是指与客户面对面的销售约会的次数）。

每日电话拜访数不低于 20 个。

③行政工作考核：业务人员要按时且确实填写业务报表（含：《活动管理表》、《客户资料表》、《电话记录表》、《潜在客户名单》）。

（3）合同的维持：

考核期三个月。

评估时间每月月底。

考核标准须同时通过业绩及工作考核。

业绩考核连续 2 个月业绩为零合同终止。

工作考核由主管裁量。

3．晋升（核实业绩）

（1）晋升前六个月个人业绩总额达××万元以上，其中连续 3 个月每月核实业绩达到×万元以上。

（2）无重大违规记录。

（3）由直属主管推荐，经市场部主管批准，可晋升为客户经理。

4．附则

本制度自××××年×月××日起实行。

三十、驻外分公司、办事处管理制度

1．编制设置

分公司：驻外分公司设营销经理、市场推广经理、用户中心主任、财务专员，其中财务专员由营销公司委派；可设导购代表、营销代表若干人（由分公司根据实际情况确定，有关费用按分公司费用分解及目标协议书约定执行）。

办事处：办事处设营销经理、用户中心主任、综合管理员，其中综合管理员工资由营销公司负责；可设营销代表若干人。

2．分公司、办事处工作职能

各分公司、办事处是营销公司的驻外销售机构，是企业向市场延伸的重要窗口，其管理直属于营销公司。

分公司、办事处代表公司的利益履行如下职能：

（1）分公司、办事处根据公司的年度营销方案，承担公司下达的年度销售任务，并组织销售人员的二次任务分配。

（2）分公司、办事处根据公司的任务指标，可按要求报招聘营销代表计划，经审批后，由分公司、办事处负责组织、招聘、培训所需要的营销代表。

（3）分公司、办事处负责当地市场的开拓、客户资源开发和管理。

（4）分公司、办事处代表公司负责与当地客户的联系协调和销售业务的往来。

（5）分公司、办事处负责对所辖区域产品的售前、售中、售后服务，处理客户的投诉。

（6）分公司、办事处负责组织、策划、执行公司在当地市场的产品宣传、品牌宣传、企业形象宣传，提升品牌和企业在当地的知名度。

（7）分公司、办事处负责对当地职能部门的联系、协调，处理好公司在当地的公共关系，确保销售业务工作的顺利进行。

（8）分公司、办事处行使对公司在当地的财产的保护管理权，确保公司的财产安全。

（9）负责收集、整理、反馈当地市场信息及同行竞争品牌的营销动态。

（10）根据公司的有关规定，执行和负责各项资金回笼、费用结算工作。

3. 分公司、办事处经理的职责

（1）对本区域销售工作的管理

①代表分公司、办事处，接受公司分配给该区域的全年销售任务，并确保如期完成。

②分公司、办事处经理在接受公司分配的任务后，要认真分析研究市场，并对所负责区域进行合理细分。

③负责作出全年销售工作计划，并对本区域的销售任务进行二次分配。将本区域的营销代表分区域、定任务，以书面形式呈交营销管理部作为全年工作考核依据。落实二次承包方案，作为工资核算依据。

④各分公司、办事处经理负责公司有关政策精神的传达和安排执行，督促本区域营销代表的工作，定期完成公司下达的各项工作指标，同时指导、帮助营销代表提高业务水平。

⑤各分公司、办事处经理行使对该分公司、办事处的管理权，按有关规定统筹好分公司、办事处的营销代表的工作，负责分公司、办事处人员的工作安排调动。对该区域的促销费用进行区域和阶段合理计划分配。

⑥管理、监控、指导分公司、办事处所有人员对公司规定的各项管理办法的执行，杜绝违反公司规定及损害公司利益的违法行为发生，如有违反公司管理规定造成公司利益蒙受损失的，经理要承担直接管理责任和经济处罚。

⑦负责对分公司、办事处的各项费用的计划、分配、监控；合理、公开、公平

地开支各项费用。

⑧负责对分公司、办事处各项固定资产办公用品管理和保护，保证公司财产不受损失。

⑨每月根据分公司、办事处人员的工作表现，进行工作成绩和业务能力的考核，填写《月度评分表》，配合公司对分公司、办事处人员的工资核算及定级考核工作。

⑩负责建立分公司、办事处的销售台账，对各经销单位的付款和提货情况随时检查，严格执行现款现货的政策。

⑪每月必须组织驻外人员召开一次业务会议，并负责组织营销代表按时完成本月工作总结和下月工作计划，以及所有公司要求反馈的各项报表。

（2）与各部门的协调管理

①分公司、办事处经理要与公司市场、营销管理、用户服务等部门密切配合，确保销售工作的顺利开展。

②协同用户服务中心主任处理好与当地各职能部门的关系。

③协助代表公司的广告员、广告执行人员，合理进行广告投放，配合经销单位共同策划促销活动，并监督形象广告的执行情况。

④协同用户服务中心主任，组织营销代表加强对本区域的安装维修服务网点的建设和管理工作，处理好客户的投诉以及与商业单位的关系。

⑤协助营销管理部，监督和管理好中转仓的货物进、出、存，每月督促中转仓保管员做出当月的进、出、存月报表，发现问题及时追查处理。

（3）分公司、办事处经理的权限

①行使分公司、办事处的销售任务的计划分配权。

②行使分公司、办事处人员的定岗分区、调动权。

③行使分公司、办事处聘用人员的招聘权。

④行使分公司、办事处人员的考核和解聘、建议调离权。

⑤行使分公司、办事处的各项费用计划、开支、监督使用权。

⑥行使分公司、办事处人员的工资考核、分配建议权。

⑦行使促销方案的计划、审核权，品牌广告建设执行权。

⑧行使售后、售前服务的处理和建议处理权。

⑨行使分公司、办事处财产的管理、控制保护权。

⑩行使分公司、办事处所需货源的计划调度权。

三十一、销货计划表

销货计划表

外销部分

客户名称	预计订购货品	1月	2月	3月	4月	5月	6月	1~6月销售额	估计毛利	备注
合计										

三十二、市场营销管理月报表

市场营销管理月报表

单位：　　　　　　　　　　　　　　　　　　　　　　　　月份：　　　年　　月

客户编号	销售额	退货折扣	收款金额			收款余额	毛利	毛利率	回收率	计划达成率	
			现金	票据	扣除					销售	毛利

三十三、促销成本分析表

促销成本分析表

方式	
方式说明	
期间	
估计费用成本收益分析	
评语	

裁决　　　　审核　　　　分析

三十四、产品广告预定及实施报告表

产品广告预定及实施报告表

预定								实施		备注
目的			使用媒体	实施方法（期间）	预算	付款方式	广告代理商	期间	契约金额	
商品名	销售重点	目标								

三十五、促销工作计划表

促销工作计划表

产品名称	月～日预计销售额	月～日实际销售额	本月营业　额	配销方式	目前销售方式	销售客户	促销方式	方法说明	督导人员

三十六、促销活动计划表

促销活动计划表

月　日

促销编号	针对产品	促销方式	促销期间		负责人	配合事项	预计经营	预期效果	备　注
			起	止					

三十七、营销费用分析表

　　月　　日至　　月　　日

媒体类别	广告媒体名称	广告次数	平均篇幅时间	广告费用	估计每次接触人数	总接触人数	每人次成本	广告效果	备注

第五章　市场营销产品、价格与财务管理制度与表格

一、商标使用管理制度

1. 建立注册商标管理工作小组。小组负责对本公司注册商标的管理使用及有关工作，做到经常检查、总结。

2. 学习《商标法》、《商标法实施条例》及《商标印制管理办法》，严格按商标法要求正确使用注册商标，保证注册商标的专用权。

3. 商标标识印制有专人负责，按《商标印制管理办法》办理。

4. 对所注册的商标在使用过程中做到注册商标与印制商标标识完全一致，不擅自改变其组合与图案。

5. 商标的使用必须按公司下达的计划生产，按规定程序领取，未经批准不得擅自发放。

6. 商标标识有专人保管，并建立出入库台账，对废次商标的销毁要有记录，有分管副总经理签字。

7. 仓库商标专管员对商标标识的入库、出库等实行严格管理，账目清楚，数字准确。

8. 任何人不得擅自拿商标标识，私拿盗窃商标标识者要按公司规定严肃处理，情节严重的，要报请有关部门依法追究其刑事责任。

9. 保护注册商标的专用权，维护本公司商标信誉，对侵犯注册商标专用权的行为按法定程序追究。

二、知名商标保护制度

为增强对知名商标保护的力度，立足发挥知名商标对促进经济发展的积极作用，特制定本制度。

1. 知名商标的范围

在区域内获“中国驰名商标”称号的商标。

在区域内获“××省著名商标”称号的商标。

在区域内的市场中享有较高声誉，并由省工商局备案的商标。

2. 知名商标保护原则

对区域内任何一地区的知名商标视为区域内共认，区域内各地工商部门予以重点关注和重点保护。即区域内各地工商部门对知名商标在市场中被侵权实行重点监测，发生侵权案件后依法从快从重查处，对其中驰名商标和著名商标依法予以特别保护。

3. 知名商标联保措施

区域内各地工商部门应于××××年××月××日前确定本地的知名商标，将知名商标的基本情况（含商标名称、图形、适用商品（服务）、所获称号、注册（续展）日期、注册人名称、地址等）汇集，发往城市区域信息平台，作区域内联保，加大保护力度。

区域内各地工商部门依靠知名商标名单，在对市场商标动态的日常监管和开展保护注册商标专用权专项行动中列为重点关注对象。发现商标侵权情况及时与商标注册人所在地工商部门联络，确定侵权性质，立即采取行动。除依法从快从严查处本辖区商标侵权当事人外，对涉案的其他异地当事人按有关商标侵权管理规定办理。

4. 知名商标被侵权案件查处原则

区域内各地工商部门受理联保案件后，从快从重查处，应予20日内基本结案，复杂案件30日内结案。

对知名商标侵权人的行政处罚均按《商标法》的规定，除没收侵权商品外，处二倍以上罚款。

5. 知名商标信息交流

区域内各地工商部门，应加强信息交流和业务合作，及时将有关动态和工作信息告知各地的工商部门。工商部门应不定期制发联保工作简报。对涉及面广、案情复杂的联保事项，可召开专项工作会议研究和部署。

三、企业形象及品牌管理制度

为了合理利用企业资源，进行准确有效的企业宣传，统一企业形象，积累品牌价值，需要认真贯彻和大力推行“企业视觉识别系统”，特制定本制度。

1. 品牌管理工作的主要范畴

（1）企业视觉识别系统的建立，推广以及实施监控。

（2）新的产品和服务品牌的设立和审核。

（3）产品和服务品牌的宣传和推广工作的管理。

（4）企业形象和产品服务品牌的公关工作管理。

（5）涉及以上范畴的总公司以及分公司所有印刷品，广告投放等媒体和介质的制作实施前的审核工作。

（6）其他与品牌管理工作相关的工作。

2. 品牌管理小组的设立

（1）涉及企业形象、新品牌创立、品牌营销定位等重大事宜的，由公司领导参与讨论，并给出最终决策。

（2）讨论定案后的推广与实施，在既定方案和原则的前提下，本着提高效率、节约成本、保障质量的原则，所有涉及品牌管理和审核的工作，由品牌小组独立负责。

（3）品牌小组的组长设在公司总部，根据需要配置具体组员；在营销或人力资源等兼管部门设立兼职的组员，负责监督和实施品牌管理工作在各自公司的运作情况，贯彻和传达品牌小组的工作要求，并向品牌小组的领导汇报和负责。

3. 品牌小组的常规工作

（1）企业 VIS，产品和服务品牌的培训和推广工作。

（2）总公司所有印刷品，广告投放等媒体和介质的制作实施前的审核工作。

（3）分公司所有印刷品，广告投放等媒体和介质的制作实施前的审批工作以及实施过程中的协调和协助工作。

（4）总公司以及分公司品牌管理制度的执行情况的检查和整改工作。

（5）品牌发展策略和规划。

（6）企业公关活动的组织与策划。

（7）其他涉及品牌管理范畴的工作安排与组织。

四、经销商维护企业品牌形象的规定

1. 经销商有维护驰名商标在市场上的信誉以及企业形象规范化服务、销售政策的义务。具体操作方式按公司提供的企业 CI 形象设计方案等其他企业形象规定，包含：店面设计、名称、服装、宣传、服务用语等。CI 的形象设计严格按照公司制定的 CI 手册。

2. 无论何种原因，经销商不得擅自更改公司的 CI 规定和品牌管理规定。

3. 为维护品牌在全国市场的驰名商标形象以及维护全体经销商的共同利益，

防止因违规、违法行为给整个品牌形象造成损害，本公司将按照具体的违反内容予以处罚。

4. 经销商为增加产品的市场知名度，在通过媒体制作广告、召开市场推介会、赞助各类文体活动时，应将有关情况通知本公司。

5. 经销商为拓展产品的市场占有率，可以筹划各类市场推介活动和广告宣传，将有关计划报告给本公司，本公司审核是否具体实施；有关费用由经销商承担。

五、质量管理制度

（一）总则

第一条 目的

为保证公司质量管理制度的推行，提前发现异常，迅速处理改善，确保提高产品质量以符合管理及市场需要，特制定本制度。

第二条 范围

本制度包括：

（1）组织机能与工作职责。

（2）各项质量标准及检验规范。

（3）仪器管理。

（4）质量检验的执行。

（5）质量异常反应及处理。

（6）客人投诉处理。

（7）样品确认。

（8）质量检查与改善。

第三条 质量标准及检验规范的范围包括：

（1）原物料质量标准及检验规范。

（2）在制品质量标准及检验规范。

第四条 质量标准及检验规范的设定

（1）各项质量标准。总经理室生产管理组会同质量管理部、制造部、营业部、研发部及有关工作人员依据《操作规范》，并参考：国家标准、同业水准、国外水准、客户需求、本身制造能力、原物料供应商标准，分原物料、在制品、成品填制《质量标准及检验规范设（修）定表》一式二份，呈总经理批准后存质量管理部一份，并交有关单位凭此执行。

（2）质量检验规范。总经理室生产管理组召集质量管理部、制造部、营业部、研发部及有关人员分原物料、在制品、成品将检查项目、料号（规格）、质量标准、检验频率（取样规定）、检验方法及使用仪器设备、允收规定等填注于《质量标准及检验规范设（修）定表》内，交有关部门主管核签且经总经理核准后分发有关部门凭此执行。

第五条 质量标准及检验规范的修订

（1）各项质量标准、检验规范若因：机械设备更新、技术改进、制造程序改变、市场需要、加工条件变更等因素变化，可以予以修订。

（2）总经理室生产管理组每年年底前至少重新校正一次，并参照以往质量实绩会同有关单位检查各料号（规格）各项标准及规范的合理性，酌予修订。

（3）质量标准及检验规范修订时，总经理室生产管理组应填制《质量标准及检验规范设（修）订表》，说明修订原因，并交有关部门会签意见，呈总经理批示后，始可凭此执行。

（二）仪器管理

第六条 仪器校正、维护计划

（1）周期设订。仪器使用部门应依仪器购入时的设备资料、操作说明书等资料，填制《仪器校正、维护基准表》，设定定期校正维护周期，作为仪器年度校正、维护计划的拟订及执行的依据。

（2）年度校正计划及维护计划。仪器使用部门应于每年年底依据所设定的校正、维护周期，填制《仪器校正计划实施表》、《仪器维护计划实施表》，作为年度校正及维护计划实施的依据。

第七条 校正计划的实施

（1）仪器校正人员应依据《年度校正计划》执行日常校正，精度校正作业，并将校正结果记录于《仪器校正卡》内，一式二份存于使用部门。

（2）仪器外协校正：有关精密仪器每年应定期由使用单位通过质量管理部或研发部申请委托校正，并填立《外协请修单》以确保仪器的精确度。

第八条 仪器使用与保养

（1）仪器使用人进行各项检验时，应依《检验规范》内的操作步骤操作，使用后应妥善保管与保养。

（2）特殊精密仪器，使用部门主管应指定专人操作与负责管理，非指定操作人员，不得任意使用（经主管核准者例外）。

（3）使用部门主管应负责检核各使用者操作的正确性、日常保养与维护，如有不当的使用与操作应予以纠正教导，并列入作业检核扣罚。

（4）各生产单位使用的仪器设备由使用部门自行校正与保养，由质量管理部不定期抽检。

（5）仪器保养。

①仪器保养人员应依据《年度维护计划》执行保养作业，并将结果记录于

《仪器维护卡》内。

②仪器外协修造：仪器保养人员基于设备、技术能力不足时，保养人员应填立《外协请修申请单》并呈主管核准后办理外协修造。

（三）原物料质量管理

第九条　原物料质量检验

（1）原物料进入厂区时，仓库管理单位应依据《资材管理办法》的规定办理收料，对需用仪器检验的原物料，开立《材料验收单》，通知质量管理工程人员检验，且质量管理工程人员于接获单据三日内，依原物料质量标准及检验规范的规定完成检验。

（2）《材料验收单》一式五联检验完成后，第一联送采购，核对无误后送会计整理付款；第二联会计存；第三联仓库存；第四联质量管理存；第五联送保税。且每次把检验结果记录在《供应厂商质量记录卡》，并每月根据原物料品名规格类别的结果统计在《供应商质量统计表》及每月评核供应商的《供应商的评价表》，提供给采购部作为选择供应商的参考资料。

（四）制造前质量条件复查

第十条　制造通知单的审核（新客户、新流程、特殊产品）

质量管理部主管收到《制造通知单》后，应于一日内完成审核。

1.《制造通知单》的审核

（1）订制料号。材料类别的特殊要求是否符合公司制造规范。

（2）种类。客户提供的材料种类是否齐全。

（3）材料。材料规格是否符合公司制造规范，使用于特殊要求者有否特别注明。

（4）质量要求。各项质量要求是否明确，并符合本公司的质量规范，如有特殊质量要求是否可接受，是否需要先确认再确定产量。

（5）包装方式。是否符合本公司的包装规范，客户要求的特殊包装方式可否接受。

（6）是否使用特殊的原物料。

2.《制造通知单》审核后的处理

（1）新开发产品，《试制通知单》及特殊物理、化学性质或尺寸外观要求的通知单，应转交研发部提示有关制造条件等并签认，若确认其质量要求超出制造能力，应说明原因后，将《制造通知单》送回制造部办理退单，由营业部向客户说明。

（2）新开发产品若质量标准尚未制定时，应将《制造通知单》交研发部拟订加工条件及暂订质量标准，由研发部记录于《制造规范》上，作为制造部门生产及质量管理的依据。

第十一条 生产前制造及质量标准复核

（1）制造部门接到研发部送来的《制造规范》后，须由部长或组长先查核确认下列事项后，才可进行生产：

①该制品是否定有《成品质量标准及检验规范》作为质量标准判定的依据。

②是否定有《标准操作规范》及《加工方法》。

（2）制造部门确认无误后于《制造规范》上签认，作为生产的依据。

（五）制程质量管理

第十二条 制程质量检验

（1）质检部门对各制程在制品均应依《在制品质量标准及检验规范》的规定实施质量检验，以提早发现异常，迅速处理，确保在制品质量。

（2）在制品质量检验依制程区分，由质量管理部负责检验。

（3）质量管理工程科于制造过程中配合在制品的加工程序、负责加工条件的测试。

（4）各部门在制造过程中发现异常时，组长应即追查原因，加以处理后将异常原因、处理过程及改进方法等开立《异常处理单》呈（副）经理指示后送质量管理部，责任判定后送有关部门会签，再送总经理室复核。

（5）质检人员于抽验中发现异常时，应反映单位主管处理并开立《异常处理单》，呈经（副）理核签后送有关部门处理改善。

（6）各生产部门依自检查及顺次点检发生质量异常时，如属其他部门所发生者以《异常处理单》反应处理。

（7）制造过程间半成品移转，如发现异常时以《异常处理单》反应处理。

第十三条 制造过程自主检查

（1）制程中每一位作业人员均应对所生产的制品实施自主检查，遇质量异常时应即予挑出，如系重大或特殊异常应立即报告科长或组长，并开立《异常处理单》一式四联，填列异常说明、原因分析及处理意见，送质量管理部门判定异常原因及责任发生部门后，依实际需要交有关部门会签，再送总经理室拟订责任归属及奖惩，如果有跨部门或责任不明确时送总经理批示。第一联总经理室存，第二联质量管理部门（生产管理）存，第三联会签部门存，第四联经办部门存。

（2）现场各级主管均有督促所属确实实施自主检查的责任，随时抽验所属各制程质量，一旦发现有不良或质量异常时应立即处理，并追究相关人员疏忽的责任，以确保产品质量水准，降低异常重复发生。

（3）制程自主检查规定依《制程自主检查实施办法》实施。

（六）成品质量管理

第十四条 成品质量检验

成品检验人员应依《成品质量标准及检验规范》的规定实施质量检验，以提早发现问题，迅速处理以确保成品质量。

第十五条　出货检验

每批产品出货前，产品检验应依出货检验标示的规定进行检验，并将质量与包装检验结果填报《出货检验记录表》，呈主管批示后执行。

（七）质量异常反应及处理

第十六条　原物料质量异常反应

（1）原物料进厂检验，在各项检验项目中，只要有一项以上异常时，无论其检验结果被判定为“合格”或“不合格”，检验部门的主管均须在说明栏内加以说明，并依据《资材管理办法》的规定呈主管核决与处理。

（2）对于检验异常的原物料经主管核决使用时，质量管理部应依异常项目开立《异常处理单》送制造部经理室生产管理人员，安排生产时通知现场注意使用，并由现场主管填报使用状况、成本影响及意见，经经理核签呈总经理批示后，送采购单位与提供厂商交涉。

第十七条　在制品与成品质量异常反应及处理

（1）在制品与成品在各项质量检验的执行过程中或生产过程中有异常时，应填写《异常处理单》，并应立即向有关人员反映质量异常情况，使之能迅速采取措施，处理解决，以确保质量。

（2）制造部门在制程中发现不良品时，除应依正常程序追踪原因外，不良品当即剔除，以杜绝不良品流入下一制程（以《废品报告单》提报，并经质量管理部复核才可报废）。

第十八条　制程间质量异常反应

收料部门组长在制程自主检查中发现供料部门供应在制品质量不合格时，应填写《异常处理单》详述异常原因，连同样品，经报告科长后送经理室绩效组登记（列入追踪）后送经理室，品保组人员召集收料部门及供料部门人员共同检查在制品异常项目、数量并拟订处理意见及追查责任归属部门（或个人）并呈经理批示，第一联送总经理室催办及督促料品处理及异常改善结果，第二联送生产管理组（质量管理部）做生产安排及调度，第三联送收料部门（会签部门）依批示办理，第四联送回供料部门。制造部门召集机班人员检查改善并依批示办理后，送经理室品保组存，绩效组重新核算生产绩效及督促异常改善结果。

（八）成品出厂前的质量管理

第十九条　成品缴库管理

（1）质量管理部门主管对预定缴库的成品，应逐项依《制造流程卡》、《QAI进料抽验报告》及有关资料审核确认后始可办理缴库作业。

（2）质量管理部门人员对于缴库前的成品应抽检，若有质量不合格的批号，超过管理范围时，应填写《异常处理单》，详述异常情况及附上样品并拟订处理方式，呈经理批示后，交有关部门处理及改善。

(3) 质量管理人员对复检不合格的批号，如经理无法裁决时，把《异常处理单》呈总经理批示。

第二十条　检验报告申请作业

(1) 客户要求提供产品检验报告，营业人员应填报《检验报告申请单》一式一联说明理由、检验项目理由、检验项目及质量要求后送总经理室产销组。

(2) 总经理室产销组人员接获《检验报告申请单》时，应转经理室生产管理人员（质量要求超出公司成品质量标准者，须交研发部）研究决定是否出具《检验报告》，呈经理核签后把《检验报告申请单》送总经理室产销组，转送质量管理部。

(3) 质量管理部接获《检验报告申请单》后，取成品样做成品物理性质实验，并依要求检验项目检验后将检验结果填入《检验报告表》一式二联，经主管核签后，第一联连同《检验报告申请单》送总经理产销组，第二联自存凭以签认成品缴库。

(4) 特殊物理、化学性质的检验，质量管理部接获《检验报告申请单》后，会同研发部于制造后取样检验，质量管理部人员将检验结果转填于《检验报告表》一式二联，经主管核签，第一联连同《检验报告申请表》送产销组，第二联自存。

(5) 产销组人员在接获质量管理部人员送来的《检验报告表》第一联及《检验报告申请单》后，应依《检验报告表》资料及《检验报告申请单》的客户要求，复印一份呈主管核签，并盖上“产品检验专用章”后送营业部门转客户。

（九）产品质量确认

第二十一条　质量确认时机

经理室生产管理人员在安排《生产进度表》或《制作规范》生产中遇有下列情况时，应将《制作规范》或经理批示送确认的《异常处理单》由质量管理部门人员取样确认，并将供确认项目及内容填立于《质量确认表》，连同确认样品送营业部门转交客户确认。

(1) 批量生产前的质量确认。

(2) 客户要求质量确认。

(3) 客户附样与制品材质不同。

(4) 生产或质量异常致产品发生规格、物性或其他差异时的质量确认。

(5) 经经理或总经理指示送确认的产品。

第二十二条　确认样品的制作和取样

(1) 确认样品的制作。

研发部根据客户要求，负责对样品的制作。

(2) 确认样品的取样。

质量管理部人员应取样两份，一份存质量管理部，另一份连同《质量确认表》交由业务部送客户确认。

第二十三条　质量确认表的开立作业

（1）质量确认表的开立

质量管理部人员在取样后应即填《质量确认表》一式二份，编号连同样品呈经理核签并于《质量确认表》上加盖“质量确认专用章”，转交研发部及生产管理人员，且在《生产进度表》上注明“确认日期”后转交业务部门。

（2）客户进厂确认的作业方式

客户进厂确认需开立《质量确认表》，并要求客户于确认表上签认，并呈经理核签后通知生产管理人员生产，客户确认不合格拒收时，由质量管理部人员填报《异常处理单》，呈经理批示，并依批示办理。

第二十四条　质量确认处理期限及追踪

（1）处理期限。

营业部门接获质量管理部或研发部送来确认的样品应于两日内转送客户，质量确认日数规定为国内客户5日，国外客户10日，但客户如需装配试验后再确认者，其确认日数为50日，设定日数以出厂日为基准。

（2）质量确认追踪。

质量管理部人员对于未如期完成确认者，且已逾2天以上时，应以便函反映给营业部门，以掌握确认动态及订单生产。

（3）质量确认的结案。

质量管理部人员于接获营业部门送回经客户确认的《质量确认表》后，应立即会同经理室生产管理人员于《生产进度表》上注明确认完成并以安排生产。

（十）质量异常分析改善

第二十五条　制造程序质量异常改善

《异常处理单》经经理列入改善者，由经理室品保组登记并交由改善执行部门依《异常处理单》所拟的改善意见确实执行，并定期提出报告，会同有关部门检查改善结果。

第二十六条　质量异常统计分析

（1）质量管理部每日依IPQC抽查记录统计异常料号、项目及数量汇总编制《各机班、料号不良分析日报表》送经理核实后，送制造部一份以了解每日质量异常情况，以拟定改善措施。

（2）质量管理部每周依据每日抽检编制的《各机班、料号不良分析日报表》将异常项目汇总编制《抽检异常周报》送总经理室、制造部品保组，并由制造科召集各机班针对主要异常项目、发生原因及措施检查。

（3）各科生产中发生异常时拟报废的物料，应填报《成品报废单》，会同质量管理部确认后才可报废，且每月 5 日前由质量管理部汇总填报《报废原因统计表》，送有关部门检查改善。

（十一）附则

第二十七条　实施与修订

本制度呈总经理核准后实施，增补修改亦同。

六、质量管理日常检查规定

第一条　为了避免人员的疏忽而导致不良的影响，使全体员工重视质量管理，确实为提高产品质量、降低成本而努力。

第二条　范围

（1）工作检查。

（2）生产操作检查。

（3）自主检查。

（4）外作厂商质量管理检查。

（5）质量保管检查。

（6）设备维护检查。

（7）厂房安全卫生检查。

（7）其他可能影响产品质量的检查。

第三条　检查的频率

依检查范围的类别，以及对产品质量影响的程度而定。

第四条　检查的项目

依检查范围的类别而定。

第五条　检查资料的回馈

要转知有关单位研讨改进，并作为下次检查的依据。

第六条　实施单位

质量管理部成品科及有关单位。

第七条　实施要点

1. 工作检查

（1）必须由各单位主管配合执行。

（2）频率：

①正常时每周一次，每次 2－3 人，但至少每月一次。

②新进人员开始时每周一次，至其熟练后，与其他人员一样，依正常时的频率。

③特殊重大的工作则视情况而定。

（3）工作检查表（略）。

2. 质量保管检查

（1）原料、加工品、半成品、成品等。

（2）频率：每周一次。

（3）质量保管检查表（略）。

3. 厂房安全卫生检查

频率：每周一次。

第八条 本规定经质量管理委员会核定后实施，修正时亦同。

七、检验仪器的管理办法

第一条 目的

确保检验仪器的精准，防止因仪器的误差而产生不良品，并延长检验仪器的使用寿命。

第二条 范围

凡本公司所使用的检验仪器。

第三条 实施单位

质量管理单位及使用单位。

第四条 实施要点

（1）所有检验仪器均需建卡，并指定专人负责保管、使用、维护保养及校正。

（2）为使员工确实了解正确的使用方法，以及维护保养与校正工作的实施，凡有关人员均需参加培训，由质量管理单位负责排定课程讲授，如新进人员在参加培训前就须使用检验仪器时，则由各单位派人先行讲解。

（3）检验仪器应放置于适宜的环境（要避免阳光直接照射，适宜的温度），且使用人员应依正确的使用方法实施检验，使用后，如有附件者应归复原位。

（4）有关维护保养方面。

①由使用人负责实施。

②在使用前后应保持清洁且切忌碰撞。

③维护保养周期实施定期维护保养并作记录。

④检验仪器量规如发生功能失效或损坏等异常现象时，应立即送请专门技术人员修复。

⑤久不使用的电子仪器，宜定期插电开动。

⑥一切维护保养工作以本公司现有人员实施为原则，若限于技术上或特殊方法

而无法自行实施时，则委托设备完善的其他机构协助，但要提供维护保养证明书，或相关的凭证。

（5）有关校正方面。

①由质量管理单位负责实施，并作记录，但在使用前后或使用中必须校正者，则由使用人随时实施。

②定期校正：

依校正周期，排定日程实施。

③临时校正：

A. 使用人在使用时或质量管理单位在巡回检验时发现检验仪器不精准，应立即校正。

B. 检验仪器如功能失效或损坏，经修复后，必须先校正才能使用。

C. 外借收回时应及时校正。

④检验仪器经校正后，若其精密度或准确度仍不符合实施需要，应立即送请专门技术人员修复。

⑤若因技术上或设备上的困难，而无法自行校正者，则委托设备完善的其他机构代为校正，但须要求提供校正证明。

⑥检验仪器经专门技术人员鉴定后，认为必须汰旧换新者，以及因检验工作实际的需要，必须新购或增置者，得由质量管理单位依本公司请购规定请购。

第五条 本办法经质量管理委员会核定后实施，修正时亦同。

八、产品包装物料管理制度

为保证产品包装卫生质量，规范管理，根据检验检疫部门的相关要求，特制定本制度：

（1）所有进口的包装物料，必须符合进口国标准要求和检验检疫部门的卫生要求，无毒无害，无污染。

（2）采购国产的包装物料，规格、型号必须符合公司产品加工生产的标准要求，无破损、渗漏及标识模糊不清等现象。

（3）进厂包装物料必须经验收合格后，才能使用，否则一律拒绝进厂。

（4）包装物料在库内要码垛整齐，按规格、型号存放。纸器等外包装要离地、离墙 30 厘米存放；内包装袋要放置在搁架上，按品种、规格摆放整齐，不得与有碍卫生的物品一块放置或接触。

（5）存放包装物料的场所必须清洁、干净，温度适宜，空气流通。

九、交货检验制度

1. 营业部门对于客户的订货商品及委托生产的商品的交货期，要经常与制造部门保持联系，以掌握其经过情形及进行状况。

2. 营业部门若已于指定交货日期前确定可以交货，应主动与客户联系确实的交货时间。

3. 当确定交货商品的交货日可能延迟时，应通知订货的客户以取得其理解。

4. 营业部门在交货查验商品时，应对照订货单，以确定品名、品质、规格、单价、数量及其他事项是否符合订货单的要求。

5. 商品的交货与配送业务由营业部门负责。

6. 在交货或配送商品时应发送货通知单。

7. 关于商品交货、配送后，客户拒绝收货、要求退货及其他的投诉问题，应取得负责人或营业经理的认可，设法寻求处理办法。

十、受理订货制度

1. 营业部门在确定订货已成立时，应将工厂生产及出货的必要事项记入订货受理传票中，发函给相关单位。

2. 所有电话、外部销售或来函的订货受理，不论外务或是内务，皆由受理订货的本人填写本订货受理传票。

3. 营业部门向制造部门公告预估生产委托表时，应要求提出制造品与在制品的区分、制造品的交货预定的处理报告，以说明其经过。

4. 营业部门为执行各项计划，使销售、订货受理活动顺利进行，应与制造部门保持密切联系，并随时准备好商品库存明细表、主要材料的进厂预定表、主要材料的库存明细表。

十一、商品价格管理制度

1. 定价策略

(1) 企业的定价权限。

①对实行国家指导价的商品和收费项目，按照有关规定制定商品价格和收费

标准。

②制定实行市场调节的商品价格的收费标准。

③对经济部门鉴定确认，物价部门批准实行优质加价的商品，在规定的加价幅度内制定商品价格，按照规定权限确定残、损、废、次商品的处理价格。

④在国家规定期限内制定新产品的试销价格。

在定价过程中，要考虑下列因素：国家的方针政策，商品价值大小，市场供求变化，货币价值变化等。

（2）商品价格管理。

根据国家规定，企业和物流中心在价格方面应当履行下列义务：

①遵照执行国家的价格方针、政策和法规，执行国家定价、国家指导价。

②如实上报实行国家定价、国家指导价的商品和收费项目的有关定价资料。

③服从物价部门的价格管理，接受价格监督检查，如实提供价格检查所必需的成本、账簿等有关资料。

④执行物价部门规定的商品价格和收费标准的申报、备案制度。

⑤零售商业、饮食行业、服务行业等，必须按照规定明码标价。

（3）物价管理的基本制度。

①明码标价制度。实行明码标价制度，便于顾客挑选商品。明码标价，要做到有货有价，有价有签，标签美观，字迹清楚，一目了然。标签的内容要完整，标签的颜色要醒目有别。实行一物一签制，货签对位。对标签要加强管理，标签的填写、更换、销毁都应由专职或兼职物价员负责，标签上没有物价员名章无效。对于失落、错放、看不清的标签要及时纠正、更换。

②价格通知制度。价格通知制度就是将主管部门批准的价格用通知单的形式，通知各个执行价格的单位，包括新经营商品的价格通知、价格调整通知和错价更正通知。价格通知单是传达各种商品价格信息的工具，直接关系到价格的准确性，也关系到价格的机密性。

③物价工作联系制度。物价工作联系制度就是制定和调整商品价格时，同有关单位和地区互通情况、交流经验、加强协作、及时交换价格资料的制度。

④价格登记制度。价格登记就是把企业经营的全部商品的价格进行系统的记录，建立价格登记簿和物价卡片。价格登记，是检查物价的依据，所以要及时、准确、完整，便于长期保存。在登记簿和卡片上应写明下列内容：商品编号、商品名称、产地、规格、牌号、计价单位、进货价格、批发价格、批零差率、地区差率、定价和调价日期、批准单位等。

⑤物价监督和检查制度。物价监督包括国家监督、社会监督和单位监督三种基本形式。

国家监督就是通过各级物价机构、银行、财政、工商行政和税务部门从各个侧面对物价进行监督。社会监督就是群众团体、人民代表、消费者以社会舆论对物价进行监督。单位内部监督就是企业内部在价格联系中互相监督。

物价检查，一般是指物价检查部门或物价专业人员定期或不定期地开展审价和调价工作。

2. 物价管理权限

（1）认真贯彻执行党和国家有关物价的方针、政策，负责组织学习培训，加强物价纪律教育，不断提高企业员工的政策观念、业务水平和依法经商的自觉性。

（2）正确执行商品价格，按照物价管理权限，制定审批商品或服务收费的价格，检查、监督基层物价管理工作的执行情况，发现价格差错及时纠正，情节严重的予以经济处罚。

（3）认真做好物价统计工作，搞好重点商品价格信息的积累，建立商品价格信息资料，分析市场价格变化情况，开展调查研究，为企业经营服务。

（4）对重点商品和招商商品的价格实行宏观控制，限定综合差率，审批价格。

（5）凡新上岗的物价员，审批价格由经营部负责。半年后视工作情况，下放审批价格权。

（6）按照权限审批处理价格，凡处理残损商品，损失金额不超过 500 元的（一种商品），由各专业部门主管经理审批，交市场经营部备案。

凡处理残损商品，损失金额在 500 元~3000 元之间的（一种商品），由经营部主管部长审批。

凡处理残损商品，损失金额超过 3000 元的（一种商品），由主管副总经理审批。

处理超利商品。对超过保本期、保利期确属需要削价处理的商品，每月月底由物价员会同有关人员提出处理价格，处理价格不低于商品进价的，由主管业务经理负责审批，交公司经营部备案；处理价格低于商品进价的，上报公司经营部，由公司经营部主管部长视全公司经营情况酌情审批；对一种商品损失金额超过 5000 元的，必须上报公司总经理审批。

3. 物价管理的基本要求

（1）对企业所经营的商品（包括代销、展销商品）都要使用商品编号，按计算机管理要求，根据商品种类进行统一编号，并逐步实施商品条形码。所有业务环节凡涉及商品编号的（商品购进、定价、调价、削价处理、标价签、出入库、盘点等）所用票据，均使用统一编号。

（2）商品定价要按有关规定执行。商品定价原则：根据市场行情、价格信息、企业经营情况，坚持勤进快销的原则，合理制定商品价格。

凡特殊商品定价（化妆品、家用电器、食品、黄金、皮鞋等）需要持有质量检测证件的，物价员必须验证定价，证件不全不予定价。

（3）制作物价台账。物价台账是企业审查价格，实行经济核算的重要依据，其范围包括：经营、兼营、批发、展销、试销、加工。必须做到有货有账，以账审价。

根据专业公司新价通知单、自采商品定价单、进货票和进货合同，物价台账登载内容包括：产地、编号、品名、规格、等级、单位、进价、单价税额。企业专职物价员要全面、完整、连贯、准确登记，同时存入计算机对应管理。

（4）商品的价格调整，必须以上级供货单位下达的调价通知单为依据。严格按照规定的编号、品名、规格、等级、价格和调整时间执行。商品需要调整价格时，由各专业物价员会同有关业务人员根据市场行情、调价依据、库存情况、资金周转率等，提出调价意见，填制《商品价格调整计划表》，由市场经营部审批。调整价格前，专职物价员按调价内容更改物价台账，须在执行前一天，通知营业部兼职物价员，填制新价签，并盖章。调价商品在执行前一天业务终了后盘点，填制《商品变价报告单》，报物价员审核盖章，部门做进销存日报表转财会做账。调价通知单建立存档制度，由物价员统一保管。

（5）凡柜台出售的商品和服务收费标准都必须实行明码标价制度，并使用统一商品标价签。在商品同部位设置商品标价签，要做到“一货一签”、“货签对位”。商品标价签应注明商品编号、品名、规格、单位、产地、等级、零售价，标价签由物价员审核盖章后方能使用。属于试销商品和处理商品应注明“试销”或“处理”字样。填写商品标价签应做到整齐、美观、准确、清楚，所用文字一律采用国家颁布的简化汉字，零售价格要盖阿拉伯数字戳。

（6）价格检查：商品的零售价格，以及服务收费标准（包括生产配件、加工费率、毛利率、产品质量等）是否正确。有无违反有关规定越权定价、调价和处理商品现象。是否正确执行明码标价和使用统一商品标价签。商品质价是否相符，有无以次充好、以假充真、掺杂使假、改头换面、变相涨价的问题。

（7）价格信息：为使价格触角更加灵敏，为企业经营决策服务，需要加强价格信息工作，价格信息来源于各方经营信息和国家有关行业信息反馈，其基础工作是采价。

经营部每周要组织各部门专职物价员进行一次半日采价，主要对某类商品或一段时间内价格波动大的商品、季节性商品、销售畅旺的商品等，进行类比分析，并做较详细的记录。记录内容包括：采价商品的名称、零售价、所到单位名称。采价后物价员需对价格动态进行分析，计算出与本企业的价格差，提出参考变价意见，报各部门经理室和经营部（专职物价员留存一份），建立价格信息数据库。

（8）物价纪律：

①企业员工必须遵守物价纪律，不准泄露物价机密，不准越权擅自定价、调价，不准早调、迟调、漏调商品价格。由物价员按照分工管理权限定价，其他人员

无权定价。

②切实执行明码标价制度，杜绝以次顶好、掺杂使假、少斤短尺等变相涨价的做法。

③削价处理商品，一律公开出售，不准私留私分。

十二、营销商品价格制度

1. 营销价格管理制度

（1）商品的价格要根据下游生产及采购的价格统一来估算，经由经理决定后，提供给经销商作为参考。

（2）价格书的制作由营业部门的内务负责，通常要先从经销商处拿到正确的规格书后才着手进行。

（3）营业部门必须以主要材料价格表、预估成本计算表、一般市价表、标准品单价表等资料作为估价参考资料。

（4）营业部门对于定期委托制造部生产的标准品，应要求制造部提出其主要材料价格表与价格成本计算表。

（5）对于标准品以外的交易或价格委托，每次都要经由制造部经理的裁决，以估价的价格方式处理。

（6）对商品做估价时，应尽速进行状况调查，尽快提出报告。

（7）将价格书送给经销商之后，必须在价格账目表中提出日期及合同的成立与不成立等事项。

2. 营销定价管理制度

（1）本公司定价活动必须遵守本制度。

（2）为准确地确定本公司产品价格，特设立成本研究委员会，委员会由下列成员构成：总经理（主任）、常务董事（副主任）、销售主管（委员）、财务主管（委员）、采购主管（委员）、制造主管（委员）。

（3）对于新产品、改良产品，应由制造部门、设计部门或其他部门累计成本后，再予以慎重的定价。

（4）必须经有关专家予以确认后方可择定定价方式。

（5）在定价单提出以前，要尽量正确地收集顾客及竞争对手（有价格竞争时）的情报。

（6）定价单提出后，必须保证正确而迅速的反馈，并根据定价单的存根，进行定期或重点研讨。

（7）由成本研究委员会负责本公司的标准品、新产品和特殊产品的成本及销售价格的确定。

(8) 财务部门根据确定好的价格水平编制成本表和销售价格表，并负责检查营销人员交付的订货单所列示的价格是否正确。

(9) 对于订货价格可由营销人员自行决定，也可由总经理决定，或由成本研究委员会审定。

(10) 营销员在确定订货价格时，需兼顾本公司和经销商的利益及业务关系，避免任何一方受到损失。

(11) 在接受订货时，应认真调查经销商的支付能力，以免货款无法收回。

(12) 营销员依据自己的判断，能够自行决定订货价格的范围包括：

①以公司统一确定的价格接受订货。

②订货额在××万元至××万元之间，且降价幅度为×%的标准品订货。

③订货额在××元以内，且降价幅度为×%的标准品订货。

(13) 订货单由营销人员交财务部门审核后，报销售主管核准。

(14) 营销人员在规定范围内进行折价销售时，应填制《折价销售传票》，一式四联。

(15) 在特别价格各项中，营销人员都需向财务部门提交订货单，并经销售主管审查。

十三、降价销售管理规定

(一) 通　则

第一条　营销过程中所有降价（或折价）销售业务的处理均按照本规定办理。

第二条　降价分两种情况，一种是由营销人员自行判断决定，另一种是要经过必要的申请手续。

第三条　营销人员在决定降价时，必须统筹兼顾，综合考虑本公司与客户的相互关系，避免造成本公司的利益损失。

第四条　降价唯一的目的是扩大销售，坚决杜绝为满足个人的私利而抛售，因此其依据是客观的交易现实，必须做到公正、客观。

(二) 降价销售事务处理

第五条　营销人员自行判断降价，原则上适用于以下情况，但特定商品除外。

(1) 客户支付额中未足×元的尾数。

(2) 支付额达×万元以上时，可以有1/200的浮动额，但让利总额不能超过××元。

(3) 支付额未满×万元，但在×万元以上时，可以有1/200的浮动额，但让利总额不得超过××元。

（4）支付额未满×万元时，降价幅度应在××元以内。

同时，无论何种情况，均要有充足的理由和严格的核算。

第六条 实施降价销售时，必须填写《降价销售业务传票》，一式五联。

第七条 降价销售业务的清单处理。

（1）商品管理部据此填制《降价销售业务传票》。

（2）降价销售业务传票共五份，要进行以下处理：

①《降价销售业务传票》由商品管理部留存。

②降价通知（商品管理部——客户）。

③货款扣除通知单（商品管理部——财务部）。

由财务部据此从客户销售账上扣除等额赊销款。

④降价销售核算单（商品管理部——财务部——客户），与降价销售统计表一起送交财务部。

⑤降价销售统计表（商品管理部——业务部）。

由业务部据此进行该类降价销售统计。

第八条 降价销售申请。

（1）大量订货、特殊订货及客户降价要求超出规定限额时，营销人员要提交《降价销售申请》。

（2）降价销售申请提交给业务部，由业务部转交上级审批。特殊紧急情况下，可通过电话请求总经理裁决。

（3）电话申请批复时，营销人员要补送《降价销售申请》。

（4）降价销售申请一式两份，一份由申请者留存，以作降价销售的凭证依据，另一份送交业务部审查后，经营业部长送交总经理裁决，如总经理同意，返交业务部，再由业务部转交商品管理部。

（三）降价洽谈要领

第九条 在大批量订货和特殊订货情况下，客户大都提出降价要求，营销人员如认为理由充足，且降价要求没有超出本公司指定限度，可自行决定降价。

第十条 如非降价销售品，营销人员应婉言谢绝。

第十一条 如客户的降价要求超出公司规定的降价限度，营销人员应讲明自己无权决定，然后可请示上级，或打电话请示，并要求对方讲清楚压低降价幅度。

十四、商品变价票流物流规程

1. 营业部门销售人员接到物价员转来的变价通知单，按规定和要求做商品变价报告单1~5联，经经理审批签字后，转物价员审核。

2. 物价员接到销售人员转来的变价报告单，审核签字后交公司经理审批。

3. 物价员将经理审批后的变价报告单第5联留存记物价账，1联交公司经营部，2~4联转营业部门商品账记账员。

4. 商品账记账员接到变价报告单2~4联审核无误后，按变价报告单变动商品销售价格，留存3联，在当日进销日报表登记变价增值或减值并记库存商品（经销）二级账金额增加或减少，将变价报告单2联转营业部门会计室，4联转统计员。

5. 营业部门会计室接到商品账转来的商品变价报告单2联，审核无误后做记账凭证，借或贷库存商品、贷或借商品进销差价。

注：商品变价后售价低于成本的损失上报本公司财务部研究处理。公司作削价准备或列入营业部门当期损益。

十五、商品削价管理规程

1. 部门业务主任根据柜台商品残损、变质、积压等情况做商品削价处理申报单1~5联，报转物价员审核。

2. 物价员接到部门业务主任转来的削价处理申报单到柜台查看商品残损程度，严格审核削价幅度，认定合理无误后签字交公司经理审批。

3. 物价员接到经理审批后的削价处理申报单5联留存，1联交经营部，2~4联转营业部门商品账记账员。

4. 商品账记账员接到《申报单》的2~4联，审核无误后，按《申报单》中所列商品编号、品名、数量由好品转入“处理商品”，即减少好品柜台数量，按商品编号、品名、新定售价增设带“处”字头的账面，记柜台栏数量增加。

5. 根据商品削价处理申报单损失金额在当日进销存日报表登记变价减值并记库存商品（经销）二级账金额减少，《申报单》2联转营业部门会计室，4联转统计员。

6. 营业部门会计室接到商品账转来的《申报单》2联审核无误后，做记账凭证，借进销差价、贷库存商品。

十六、营销财务管理制度

1. 账号设置

营业部门实行收支两条线，设立两个账号，分别为费用账号与收入账号，上报公司财务部。收入账号只能存入，不能支出。

2. 资金管理

（1）营业部门对客户信用额度外的销售一律实行现款现货，严禁赊销，业务经理不准担保或垫付。

（2）所有销售收入最迟至第二天9时必须存入银行。

（3）员工借支现金，一律按公司财务相关规定办理，由办事处经理审批，最迟不得超过一个月清偿。

（4）现金做到日清日结，应定期或不定期清查，不允许白条冲抵现金，内务主管无权私自借支现金。

（5）收款时应认真辨别真伪，凡假币由责任人负责赔偿。

（6）严格遵守公司财务部其他相关规定。

3. 应收款管理

（1）应收账款：应收款的发生由营业部门经理和内务主管共同批准，由区域经理进行跟踪管理。如出现呆坏账，由营业部门经理承担50%，该区域业务经理与内务主管共同承担50%责任。

（2）统计员与内务主管要做好应收款的账务登记，按发货单同时记录，按收款收据或银行到款通知单同时核销。内务主管、储运员与业务经理应做好催收工作。

（3）个人应收款：在2000元（含2000元）以内，要经营业部门经理批准，并在一个月内报账归还，超期自动从工资中扣除。

（4）业务经理、内务主管应及时发现坏账倾向，并向营业部门经理报告，由营业部门经理牵头，协同采取措施追收。不能确认的坏账要继续追收，直至用法律手段。

（5）一旦确认出现坏账时，填写财务部的《坏账审批表》报公司调查、复核。坏账的最后确认权在总经理。

4. 小额办公用品及低值易耗品管理

（1）营业部门根据需要，由经理审批，由内务主管购置小额办公用品及低值易耗品。

（2）内务主管应设台账，登记支出账目，负责保管好小额办公用品及低值易耗品，经营业部门经理签字方可领用。领用情况由内务主管登记在册。

5. 费用控制

（1）营业部门经理是控制办事处费用支出的责任人。所有费用支出均须营业部门经理签字同意，由内务主管进行审核后，方能凭合法的凭证由财务主管报销。

（2）如果已支出费用不能通过公司财务部门的终审，则由营业部门经理与内务主管共同承担责任。

6．促销品管理

各类促销品由仓管员管理，登记台账，严格按照促销计划比例发放，有关经手人签字。

7．办公设备管理

重大采购事项需报请销售计划部，批准后方可采购。

8．费用支出标准

（1）费用额度与控制

①公司根据各地区市场发展程度，确定各营业部门费用总额与种类比例。

②费用总额中不包括对营业部门的奖励部分。

③节支费用使用方法：

营业部门当月节支费用的40%，可记入下月使用。

设营业部门地区可提取月节支费用的30%，作为营业部门员工奖励。

未设营业部门地区可提取季度节支费用的50%，作为该区域工作人员的激励，其余部分不再记入次月的开支中。

（2）费用支出具体标准

①差旅费（非住宿所在地的工作区域之间所发生的费用）。

营业部门经理、区域经理：营业部门经理按业务经理的巡访计划核算出差天数。

出差补助（食宿及市内交通费）：90元/天。

长途交通费：最高可报火车硬卧。

业务经理：

出差补助（食宿及市内交通费）：70元/天。

长途交通费：8小时以下按火车硬座，8小时以上按火车硬卧标准。

②差旅费报销需有出差申请表及正式票据。

③办公电话费：限额1500元/月。

传真费：必须使用正规票据。

邮寄费：必须使用正规邮电票据。

办公用品费（含复印费）：限额20元/月。

营业部门短途运输费：登记。

营业部门车辆燃油费：登记。

停车费：正规票据。

车辆维修费：正规票据。

促销宣传费：经公司批准后方可支出。

其他：超出预算的费用，支出前须填报《特殊费用申请表》，经公司批准后方可支出。

(3) 费用的核销

①营业部门的所有支出均为限额实报实销，所有费用均需经营业部门财务主管及营业部门经理复核后，每10日连同发货单寄至财务部核销。

②旅费核销依据：当月考勤表、当月出差申请表以时间先后为序按飞机、火车、汽车票、住宿票及其他票据分类粘贴，按规定格式填写《差旅费报销单》，经审核报销。

③业务人员出差需填写《出差申请表》，经营业部门经理批准方可出差。经批准的《出差申请表》需在营业部门备案，以此作为考勤、报销的依据。出差返回后，将填写好出差结果的申请表附于差旅费报销单后，经审核报销。无申请表或申请表填写不完善，该次差旅费不予报销。

④传真、邮寄费、办公电话费、房租费、办公用品费、短途运费、燃油费、停车费、维修费等应分类粘贴报销。

⑤特殊费用：未包含在上述之内的和超出预算的费用，报销时将经过批准的《特殊费用申请表》附于单据后。

⑥当月所有费用应按时寄回财务部，未按时寄回不予报销。所有费用均需正规票据，严禁使用白条、虚假票据（房租需有房东签字收条）。

⑦员工住宿的水电、有线电视、伙食费等杂费不予报销。

十七、财务报销制度

1. 费用报销

(1) 一切费用要在核定批准的费用定额范围内开支，超支部分要经企业主管领导批准方可向财务部报销。

(2) 已经取得原始发票的只要填制报销凭证，由经办人验收或证明人签章、领导签字即可报销，已批准的费用定额内的由部门领导人签字，定额外的由企业主管领导签字。

(3) 未取得原始发票而要先付款时，可以先到财务部办理借款，经领导批准后（已经批准的费用定额内的由部门领导签字，定额外的由总经理签字）一周之内办理报销手续，同时撤回借款单第三联。

2. 固定资产报销

(1) 必须先有批准的购置计划才能购置固定资产，需购置商品必须经总经理室向有关部门办理专项控制证明单才能购买。

(2) 如果在当日内购置，经领导批准可借用空白支票在计划范围内购置，如能事先知道价格、单位名称及账号者，可办理借款手续，经领导批准后由财务部开支票。

（3）固定资产报销时须建立固定资产卡片，并有资产编号，财务部才准予报销。

（4）固定资产经财务部报销后，列入“内部往来成本费用”科目。

3. 流动资产报销

（1）采购部门应提出次月原材料及备用品、备件购置的购料计划，经领导批准后报财务部做出次月定额用款计划。

（2）凡购入材料物品，必须填写《入库验收单》一式三联，采购、仓库、财务部各一联，填好验收单后，才予以报销。

（3）材料物品领用时，必须填《领料单》一式三联，领用人、仓库、财务部各一联。

（4）仓库保管员兼材料会计，每月应与财务部核对账目，发现问题及时找出原因，并予以更正。

（5）采购部门可借支备用金，作为零星购料周转；工程部也可以借支备用金，作为急需采购维修物品用，年终备用金全部交财务部。

（6）采购人员经领导批准可借支空白支票（限于一定数额内开支），但必须在三天内到财务部报销，如果取得正式发票，可办理报销手续，不再借支空白支票。

（7）各项预付款先填借款单，按合同要求经企业主管领导批准后再付款。

（8）低值易耗品报销手续必须建立低值易耗品卡片。

（9）年终物资部应盘点一次，列出材料清单与财务部核对，并做出盈亏表。

十八、销售渠道管理规则

第一条　销售路径

关于销售的路径以下列规定为准：

（1）代理店由总公司负责协调、管理。

（2）特约店由支店营业所负责管理。

第二条　销售区域

（1）销售区域集中于商业区，以目前支店营业所的所管区域为主。

（2）目前管辖以外区域的销售活动，除经本公司登记有案的特约店以外一概不予认可。

（3）将来拟以省、市、区、县为其销售区域，即代理店的设置未来将以都市为中心选择合适的地点设置。

第三条　代理店

代理店是指与本公司有直接交易的商店而言。但它的销售责任额必须达到以下数字：

（1）A 地区（市中心区域）。

每月××万元，每期××万元以上。

（2）B 地区（A 地区以外的所有地区）。

每月××万元，每期××万元以上。

第四条　特约店

特约店以批发为其专营事业，要经总公司及代理店双方协议始得成立，它与总公司（或支店营业所）有直接交易，但还未达到代理店的资格。它的营业责任额必须达到以下的目标：

（1）A 地区（同上）每月×万元，每期××万元以上。

（2）B 地区（同上）每月×万元，每期××万元以上。

第五条　特约交货店

所谓特约交货店是指各支店向总公司提出申请，并获认可的交货店而言。但其营业责任额要达到下列目标：

（1）A 地区（同上）每月×万元，每期××万元以上。

（2）B 地区（同上）每月×万元，每期××万元以上。

第六条　A 级代理店

A 级代理店是指代理店当中与总公司缔结代理店合同，实施合同交易的店而言。

第七条　B 级代理店

B 级代理店是指代理店无法与总公司缔结代理店合同的店而言。

第八条　A 级特约店

A 级特约店是指必须缴付回报奖金，而且将来必须与总公司合作的特约店而言。

第九条　B 级特约店

B 级特约店是指不必缴付回报奖金，位居于代理店系列之下的店而言。

第十条　C 级特约店

C 级特约店是指第五条特约交货店而言。

第十一条　销售手续费

（1）代理店可因对特约店的交易处理要求支出销售手续费，于每月截止期结算，从该月份的请款金额中扣除。

①制造销售价格 ×% 以上。

②代理店交给特约店的价格 ×% 以上。

③给代理店的销售手续费 ×% 中的 ×%。

（2）代理店可因对特约交货店的交易处理要求销售手续费，并依据特约交货店的申报，经由支店（或营业所）的确认，从该月份的请款金额中扣除当月申报的金额。

①制造销售价格 ×%。

②代理店交给特约交货店的价格 ×% 以上。

③给代理店的销售手续费 ×% 中的 ×%。

第十二条　销售回报奖金

（1）本公司将依据代理店及特约店的交易额每半年支付一次本项金额。

（2）回报奖金的计算及支付方法。本奖金的计算期间为 4 月 1 日 ~9 月 30 日及 10 月 1 日 ~3 月 31 日，每年 2 次。期间所收取的总额会于次期做扣减结算后再支付。

第十三条　回报奖金计算的基础数字

代理店计算回报奖金的对象金额以该店的进款金额为准。

（1）代理店的请款金额是指从本期总销售额中扣除特约出货额、特约交货店的出货额（两者都包含 ×% 的销售手续费在内）及折扣掉 ×% 以上的特价品部分后的金额。

（2）有必要支付奖金的特约店，原则上事前要由各支店营业所提出申报，经由公司审查认可后始得实施。

第十四条　调整金

（1）产品不论新旧。

（2）接受调整的对象，原则上以 A 级代理店（有互换合同书之店）为主。但 B 级代理店（无互换合同书之店）也可设定一定的期间；与合同缔结代理店（A 级代理店）一样，接受调整。

（3）调整金于每月截止期内结算，从当月请款金额中扣除作为支付。

第十五条　功劳金

（1）功劳金是针对代理店的交易额，依照下列方式支付的一种金额。

（2）绩效奖金的计算基准与奖金一样，以代理店的销售额为对象，计算期间也相同。

（3）绩效奖金的支付是针对期间内代理店的总收入额来计算，原则上于次期中以现金支付。

（4）绩效奖金的对象有专卖店及一般商店的区分。

(5) 绩效奖金的支付原则上以现有对象为主，不拟再扩大范围。

第十六条 商品的处理单位

(1) 在处理上，原则上以一捆为单位。

(2) 所谓一捆是指集合各种物品，制造价格为10000元者。但如情况紧急则不在此限。

第十七条 退货处理的规定

(1) 凡良品一概不得退货。

(2) 不良品退货时，一概以×%处理。但责任如出于本公司则不在此限。

(3) 有关总店及支店之间的退货处理事宜，另文规定。

第十八条 批发价格的再确认

(1) 代理店、特约店如违反规定（×%以上)，破坏价格从事销售，一经发现，其批货价格将经由审议，改为×%。

(2) 如有以上情况将不支付回报奖金。

第十九条 货款清偿方法

(1) 截止日期比照以往规定。

(2) 货款清偿于交易截止日后的10日起以现金或×日以内的期票缴付。

(3) 如超过约定日期缴付，对方必须依照超过的日数，负担每日×厘的利率损失。

第二十条 新代理店及特约店的设置

本公司如认定某一区域有加强销售的必要时，将与有关的代理店进行充分的协商，设置新的代理店与特约店。

第二十一条 本规定与个别合同的关系

如有个别合同在先，个别合同将优先于本规定。

第二十二条 本规定的适用范围

本规定由××产业股份有限公司于××××年×月制定，适用于所制造、销售的所有××产品。

第二十三条 本规定的实施

本规定于××××年×月×日起开始实施。

十九、货款回收处理规定

第一条 当月货款未能于次月5日以前回收者，自即日起至月底止，列为“未收款”。

第二条 未收款又未能于前项期限内回收者，即转列为“催收款”。

第三条 经销店有下列所述的情形者，其货款列为“准呆账”。

（1）经销店已宣告倒闭或虽未正式宣告倒闭，但其征兆已渐明显者。

（2）经销店因他案受法院查封，货款已无清偿的可能者。

（3）支付货款的票据一再退票，而无令人可相信的理由，并已停止出货一个月以上者。

（4）催收款迄今未能解决，并已停止出货一个月以上者。

（5）其他货款的回收明显有重大困难的情形，经签准依法处理者。

第四条 对于未收款应做如下处理：

（1）当月货款未能于次月 5 日以前回收，财务部应于每月 10 日以前将其明细列交营业部核查。

（2）前项情形该辖区经理级主管，应于未收款期限内，监督所属解决。

第五条 对于催收款应做如下处理：

（1）未收款未能依第四条第二款解决，以致转为催收款者，该经理级主管应于未收款转为催收款后五日内将其未能回收的原因及对策，以书面提交副总经理，呈总经理核示。

（2）货款经列为催收款后，副总经理应于 30 日内监督所属解决。

第六条 对于准呆账应做如下处理：

（1）准呆账的处理乃以营业单位为主办，至于所配合的法律程序，由法律部另以专案研究处理。

（2）移送法律部配合处理的时机：对于经销店未正式宣告倒闭，但其征当已渐明显的和经销店因他案受法院查封，货款已无清偿可能的情形，应于知悉后，即日遣送法律部配合处理。对于支付货款的票据一再退票，而无令人可相信的理由，并已停止出货一个月以上的和催收款迄今未能解决，营业单位应依（催收款的处理）规定先行处理解决。处理后未能有结果，认为有依法处理的必要，再签移法律部依法处理。

（3）正式采取法律途径以前的和解，由法律部会同营业部前往处理。

（4）法律程序的进行，由法律部另以专案签准办理。

第七条 准呆账移送法律部后，由法律部移请董事会定期召集营业、企划、财务等单位，召开检查会，检查案件的前因后果，以之为前车之鉴，并评述有关人员是否失职。

二十、财产设备管理表

财产设备管理表

页次：

使用部门			登记时间					
财产名称	编号	类别			使用人	取得日期	取得价格	修理记录
		家具	仪器用品	其他				

经理______　　　　主管______　　　　制表______

二十一、财产登记表

财产登记表

卡号：　　　　　　　　　　　管理部门：　　　　　　　　　　　使用部门：

名　称（中文/英文）			管理编号			
规　格			型　号			
制造商			销售商			
存放地点			使用年限			
原　价			现　值			
日　期	摘　要	凭证号	单　位	增　加	减　少	结　存

制卡人

二十二、财产器具保管登记表

财产器具保管登记表

使用部门　　　　　使用人签名　　　　　职级　　　　　建卡日期　　　　年　　月　　日

保养日期	财产编号	品　名	规格	数量	单价	总价	使用人签　认	移交人	备注

二十三、财产增减月报表

财产增减月报表

经管部门　　　　财产类别　　　　编制日期　　　　月份　　　页次　　　页共　　　页

财产编号及使用单位	设备名称	规格说明	单位	上期结存数量	本期增加		本期减少		本期结存数量	财产增减凭证字号（请按财产凭证编号表填写）	备注
					数量	金额	数量	金额			

二十四、财产减损单

财产减损单

管理部门：　　　　使用部门：　　　　　　年　　月　　日

编号	名称	规格	购置时间			单位	数量	单价	总价	残余价值	耐用年限	已使用年限	已折旧金额	备注
			年	月	日									

减损事由		主管	
拟订处置方法		副总核实	

二十五、财产移交清单

财产移交清单

部门　　　　　　　　年　　月　　日　　　　共　　页　　　　第　　页

项　目	规范及说明	单　　位	数　量	备　注
接受部门：		移交部门：		

主管：　　　科长：　　　经办：　　　主管：　　　科长：　　　经办：

二十六、财产投保明细表

财产投保明细表

日期	编号	名　称	数量	保险公司	保单号码	保险期间	保险金额	费率	保险费	保管单位	抵押情形	备注

二十七、报废单

报废单

年　　月　　日　　编号：

<table>
<tr><td>管理部门</td><td colspan="7"></td></tr>
<tr><td>使用部门</td><td colspan="7"></td></tr>
<tr><td rowspan="2">名称</td><td>中文</td><td colspan="2"></td><td>规格</td><td></td><td>耐用年限</td><td></td></tr>
<tr><td>英文</td><td colspan="2"></td><td>厂牌</td><td></td><td>已使用年数</td><td></td></tr>
<tr><td>购置日期</td><td></td><td>数量</td><td></td><td>取得价值</td><td></td><td>账面价值</td><td></td></tr>
<tr><td rowspan="3">废损原因</td><td colspan="5" rowspan="3"></td><td>估计废品价值</td><td></td></tr>
<tr><td>处理使用</td><td></td></tr>
<tr><td>实际损失额</td><td></td></tr>
<tr><td>拟处理办法</td><td colspan="5"></td><td>使用人
填报人</td><td></td></tr>
<tr><td>总经理</td><td>财务部门</td><td colspan="4">使用部门</td><td colspan="2">管理部门</td></tr>
<tr><td rowspan="2"></td><td rowspan="2"></td><td>经理</td><td>主管</td><td colspan="2">主（协）办</td><td>主管</td><td></td></tr>
<tr><td></td><td></td><td colspan="2"></td><td></td><td></td></tr>
</table>

二十八、商场设备请修单

商场设备请修单

请修部门　　　　　　　　　　　　　　　年　　月　　日　　　　编号：

编号	名称	规范说明	单位	数量	损坏应修情况说明

<table>
<tr><td colspan="3">交修记录</td><td colspan="2">验收记录</td></tr>
<tr><td>承修厂商</td><td></td><td rowspan="4">承修盖章：
年　月　日</td><td rowspan="4">验收意见</td><td rowspan="4">交货日期：
年　月　日
验收人：</td></tr>
<tr><td>承修金额</td><td></td></tr>
<tr><td>交货日期</td><td></td></tr>
<tr><td>逾期日期</td><td></td></tr>
</table>

主管：　　　　科长：　　　　复核：　　　　经办人：

二十九、财产请修单

财产请修单

请修部门：　　　　　　　　　　　　年　　月　　日　　　　请修单号码：

财产	财产编号	品名	规格	数量	故障损坏说明	需要日期	使用人	备注

经办：　　　　　　　　　　部门主管：　　　　　　　　　　制单：

第六章 特许店、特约店、代理店、专卖店、连锁店营销管理制度与表格

一、特许店营销制度

1. 促销的目的

特许店天天接触的是最为直接的一端——消费者，市场的竞争越激烈，促销所担负的责任就越重要。在特许店经营活动中，促销的目的可分为提高营业额、促进商品的回转两大方面。

（1）提高营业额。

营业额来自来客数与客单价，而影响来客数与客单价的因素相当多。一般情况下，消费者在决定是否入门店或是否购买商品时，模式相当复杂，有单纯理性型、单纯感性型、理性感性混合型，因此提高营业额应包括以下几方面：

①增加来客数。消费者不上门，生意无从谈起，所以来客数是影响业绩最为重要的因素。促销可以造成人潮，吸引来客入店，增加购买的客数。

②提高商品客单价。如果来客数短期无法增加，或者客群过于集中，则促销的诱因可以促使消费者多购买一些商品或单价较高的商品，以提高客单价。

③刺激游离顾客的购买。游离顾客进入门店事先并没有是否购物的计划，因此通过促销可以刺激游离顾客形成购买行为。

（2）促进商品的回转。

商品是特许店的命脉，良好的商品回转，会带来良性循环，因为商品的新鲜，往往给顾客留下好印象，也会给特许店企业总部带来口碑相传的免费广告。一般而言，促进商品的回转可从三方面着手：

①新商品上市的试用。

②加速滞销品的销售。

③库存的出清。

2. 促销程序

（1）促销计划。促销计划是指促进商品销售和展示新产品的计划。

（2）销售目标。销售目标是指为促销制定的预期售量。销售目标作为了解促销员工的工作绩效的主要工具之一，可以使主管和经理追踪每位员工的工作效率，并可以有效地带动竞争。

（3）确定销售目标的具体方法。可通过电脑查询到所促销商品前4周的销售（单位）数量，然后用这个数量除以28（即4周天数），得出日均销售数量。一般规定销售目标为：8小时示范的销售目标为日均数量×3；4小时示范的销售目标为日均数量×2。这些必须在促销员的每日报告中显示。例如：一项商品在4周的销售数量为420个，则每日平均销售为15个（420/28），8小时促销的目标则为45个（15×3），4小时促销的目标为30个（15×2）。

（4）促销工作：

①需要多长时间。准备和结束工作的时间分别不超过15分钟。

②选择位置。选择人流量高的位置作为自己的促销展位。

（5）促销商品知识：

①预先了解商品：

A. 商品信息卡：促销员自己制作，包括该种商品的各种详细信息。

B. 包装说明：通过商品包装上的说明了解商品的各类信息。

C. 商品培训录像：由供应商提供，有示范操作、功能介绍及演示作用。

②根据供应商的建议了解商品。

③必须掌握的商品基本知识：

A. 制造商、产地。

B. 价格。

C. 包装尺寸。

3. 促销活动计划

特许经营企业促销活动千奇百怪，不断产生的促销创意使得促销活动更为有趣，然而一个有趣的创意促销活动仍必须具有一定绩效，才能成为有效的促销。因此，为了使促销有创意也有绩效，完整与周到的促销计划就成为相当重要的课题。

（1）促销活动的理念。

①目标性。任何一项活动都有动机与目的，促销的目标在于：

A. 广告宣传目的：建立企业知名度，提高消费者品牌形象。

B. 促销目的：立即增加营业额及来客数。

C. 公关目的：建立消费者信赖的良好印象，进而间接提高业绩。

D. 大型活动的目的：提高特许企业的知名度，增加消费者及同业间的认知度。

E. 教育社会使民众认知达成共识。任何活动的目标、对象均应明确化：目标对象达一定数量以上，才值得举办活动。

②时效性：

A. 任何活动，都应依其诉求对象的特性，选择在最适当的季节、节日或重要的纪念日举办。

B. 依诉求对象、活动内容、投入成本、可能收益等因素来决定活动期间的长短。

③创新性：

A. 任何活动的举办方法，应力求新鲜，具有独创性，有吸引力，如此才能有更大的诱因招徕顾客，活动的效果才能更好。

B. 随时注意社会趋势，运用事件营销的冲击力提高活动效果。

④形象性：

A. 任何活动都必须“以诚信为原则”。

B. 任何活动都必须以消费者的立场为着眼点。

C. 赠品、摸彩或抽奖既已答应赠与就应确实赠出。

D. 与社会公益活动相结合，有助于提高企业形象。

⑤绩效性。任何活动都必须在成本条件与经济规模两个限制条件下创造出最大的绩效。

A. 成本预算控制。活动的成本预算以所增加毛利大于成本为原则。公关活动所耗费的成本应在公司控制之下，应做整体性的考核衡量。

B. 经济规模。新特许店低于10家时，成本高的活动较少举办，全区域性的活动也少办为宜。当特许店分布区域密集，且家数达经济规模时，则适合以较少费用来举办大型活动，成效明显。

（2）促销活动的种类。虽然促销活动的种类很多，分类的方式不一定相同，但是可以把易为企业接受的促销活动分为四大类，再把每类以期目标及施行方式分为如下小类：

①运动活动。公开参观：电视、电台、转播、一般人参加比赛、主妇参加比赛、儿童参加比赛。

②集会活动：

A. 文化奖、奖学金（冠名）、文化比赛、国际文化交流、文化大会（公开演讲）、文化会议（招待参加）。

B. 促销会议、消费文化节、生活者大会、商品展览会。

③企业冠名的音乐活动。

A. 差额负担，冠名（经费大部分负担）。

B. 招待（企业主办或媒体主办）、歌唱比赛、音乐比赛。

④企业冠名的美术活动。

A. 国外美术展、印象派美术展、现代书画、美术展、美术讲座、书法讲座。

B. 个人展、团体展、艺术比赛展、摄影比赛展、设计比赛展、工艺品比赛展、书法比赛展。

4. 特许经营广告策划流程规范

特许店通常更能适应本地的需求，故需要进行全国性的广告宣传。商品广告是应用图像、商品知识宣传等形式促进商品销售和商业性服务的一种好形式。

（1）店面广告（POP）的主要分类和比较。在经济稳定、市场日趋成熟、商品丰富、品种多样化的今天，商品情报的沟通从以往“制造商→零售商→消费者”已经转变成了“零售商→消费者”。POP（Point of purchase Advertising）广告作为卖场的广告，本身就和商品有关联。通过 POP 广告，还可以使销售活动场地同时变为进行广告活动的场所。POP 广告的任务就是要把商品情报传达给顾客，并让顾客了解商店的经营特色，提升特许店的形象。

（2）POP 广告的种类与功能。特许店的 POP 广告都是在考虑顾客要求的基础上制成的。对顾客来说，特许店的这些 POP 广告不但可以让他们获得商品的情报，了解商品的性质，更可以让他们在购物的同时，感受到特许店带给他们的愉快气氛。这在特许店和顾客的联络方面，是不可或缺的一大要素。

（3）营销公关策划。特许商店可以利用各种传播渠道，宣传本店值得目标公众注意的公益消息或服务信息；同时通过一系列的公关活动，树立和保持商店的良好形象，得到消费者或顾客的喜爱。营销公关比广告更能诱导消费者。

（4）特许经营销售促进。策划销售促进是指除了人员推销、广告和公关宣传之外的那些促使顾客购买和提高经营效率的营销活动，如商品陈列展销、有奖销售以及其他不属于日常销售工作范围的各种临时性的促销工作。

（5）特许店促销活动检查表。特许店每举行一次促销活动，都应该达到预期目标。因此，每次促销活动之后，都必须做促销活动检查表，对活动做一个全面分析，方能对以后的促销活动有启示。

二、特约店协会组织管理制度

为规范特约店的经营管理，加强特约店之间的联系，提高特约店营销业绩，特成立××特约店协会以作为特约店的组织管理机构。

第一条　名称

本会的名称为“××特约店协会”。

第二条　办公处

本会的办公处设于××公司之内。

第三条　会员

本会的会员与××公司缔结特约店合同，且须具有第八条规定的会员资格。

第四条　事务

本会以增进会员的销售绩效，促进业务的合理化及经营的发展，加强会员彼此之间的亲睦关系等为原则，特别开展下列五项工作：

（1）为促使销售合同成立所进行的各种磋商、协定。

（2）修订、制定特约店的规定。

（3）做各种业务上的联络，使彼此的交易圆满进行。

（4）举行有关销售方法、销售技术、店铺设计、经营管理、人事、事务处理及其他相关的研究会、讲习会和训练会等规划，并进行指导。

（5）计划、实施各种活动来促进彼此间的亲睦。

第五条　构成

本会基于事务执行的需要，设置下列管理人员：

（1）会长：一名。

（2）副会长：一名。

（3）干事若干名。

以上管理人员由会员互选产生，任期为一年，可连选连任。

第六条　年度会议

本会每年举行一次大会，会中讨论年度计划及进行业务报告、会计报告。会长及副会长须依情况需要，召集人员组成董事会。董事会则根据大会的议事项目决定有关会务运作的协议。

第七条　经费

会费每年为×××元。凡会议、通信、联络等会务运作所必需的经费皆由此支出。但讲习会、旅行等特别经费则需依当时的需要，由董事会议决定。

第八条　会员的资格

凡本会会员需具备下列四项条件：

（1）与××公司已缔结特约店合同者。

（2）已出信用金者。

（3）过去一年的销售额达到××××万元以上者。

（4）其他本会特别指定者。

第九条　会员的特惠

本会对于会员特别订有《特约店交易规定》，会员可因此享有交易上的各种特别优惠条件。

第十条　制度的废止

本制度的废止须由大会决定。

三、特约店业务管理规定

第一条 本公司设置特约店的基准及其营运方针，皆以本规定的内容为准则。

第二条 经营商品

（1）经营商品以××××为主体，目前的主力产品是依靠旧有客户的交易。为了将来的发展，目前新产品也应视情况经营，以此渠道来开始发售。

（2）特约店负责前项商品的批发和销售。

（3）特约店不得经手其他厂商的同种产品。

（4）今后将逐次追加经营商品项目。

第三条 特约店的设置

（1）特约店的设置依下列规划进行：

①A 地区每区×店。

②B 地区每区×店。

③C 地区每区×店。

（2）店数变更依据：前项区域划分，可因销售额的提高、人口的增加及其他等因素而变更店数。

（3）适用范围：本特约店制度只限适用于大都会及附近县市，其他区域的实行方针则依照总代理店制度来进行。

（4）特约店的选定：

①从以往即与本公司有交易往来的零售店中挑选。

②从目前虽与本公司无交易，或交易额极小，但却极具未来潜力的零售店中挑选。

（5）从实绩小的零售店中挑选特约店时，须依照下列标准：

①每年销售本公司产品金额超过××元以上的店。

②每年销售×××产品数量超过500组以上的店。

③目前的交易额度虽小，但具有诚意且付款及时的零售店。

（6）未有交易往来却具实力之店系指：

①该地区尚未有旧有客户的店。

②以地区性来说具有销售潜力且未来仍有可能开拓销售渠道的零售店。

第四条 与非特约店的交易客户的往来方式

（1）对于非特约店的交易客户，一概以既有的交易方法来进行买卖。

（2）批给这些店的售价，不论货出于本公司或出于特约店，价格都应统一。

（3）对于新的交易申请，原则上应转交给该地区的特约店。

(4) 这种非特约店的商店交易，应随着特约店销售能力的增大而中止。相反的，这些商店之中如有交易增大者，应设法将其纳入特约店之中。

第五条 特约店的义务

(1) 特约店依其过去的实绩及所在区域的实力，每年要有一定的销售责任额。而此额每年应经双方协议而修正。

(2) 确定近期特约店的最低销售责任额，暂定如下：

①××地区500组至800组。

②新产品及新型号则依当时条件另订。

(3) 特约店须加入总公司。

(4) 总公司是以协助、扩展特约店业务为目的的亲睦团体。

第六条 交易方法

(1) 交货给特约店的批价及特约店本身的售价依下列规定实施。此价格也为本公司交给工厂的价格。

①A价——公司批给特约店的价格。

②B价——公司给零售店的价格。

③C价——卖给一般消费者的售价。

④D价——季节前的交易价格，届时另订。

(2) 为促进特约店的销售及奖励其付款的落实，本公司特设回扣（折扣）制度。

(3) 货款的缴付以每月25日为截止日，次月10日要以现金缴付。如以期票缴付，则付款金额包含折扣费。

(4) 关于季节性的货款缴付，另外订有特别价格。

(5) 货物运送过程中所发生的破损等，由本公司负责。

第七条 支援销售的制度

(1) 对于特约店，本公司将免费或以成本价提供销售用的目录、广告用册子、传单、海报等。

(2) 公司会自行负担在报纸、杂志、传单及其他媒体上的产品宣传费用，在实行这些广告宣传之前，公司会做好实施预定表，事前与特约店联络。

(3) 本公司会对特约店指导有关销售方法、商品说明方法及其他相关的教育，并指示销售计划。

(4) 在开始销售新型产品时，公司会免费提供或借给各特约店该产品的样品。

(5) 本公司对于特约店负责人及负责的店员进行有关产品的组合及使用方法、产品说明、销售时的应对方式等教育指导。

第八条 制造方法

(1) 如偏远地区的订货量增多时，可于市内及各地设转包工厂，由这些工厂来负责产品生产。

(2) 本公司内部将自设模具工厂，由公司亲自经营，至于生产方面再采取转包生产的方针。

(3) 针对×××及×××各产品，本公司将设装配工程科，以付费方式将工程委托外包单位。

四、代理店管理制度

(一) 总则

第一条　主旨

本制度规定××公司与代理店之间的有关交易事项。

第二条　代理店的销售区域

代理店可行销售的区域，依协议来决定。代理店如欲在指定以外的区域进行买卖活动，应事前与××公司联络，取得其认可。而在某种情况下，××公司必须考虑此店与其他代理店的竞争情况，做深入的调查与研究，确定无显著影响后方可予以认可。

第三条　经营商品

代理店所经营的商品必须是由××公司所提供的商品。

第四条　销售责任额

代理店的每月销售责任额为××万元以上。但此责任额必须是第三条规定产品的总额。

代理店须于每月 25 日之前，向××公司提出下个月份的销售预定。

第五条　经销处等的设置

代理店可在自己的责任范围内设置经销处及代办处等。但设置之前须与××公司联络，取得其认可方能实施。

第六条　销售价格

公司批发给代理店的商品价格与代理店卖给顾客的售价，必须依照另外规定的价格表来进行。

前项的价格如发生变更，前者须经双方协议，后者需××公司的认可方得实施。

第七条　交易保证金

代理店须根据交易额，事前缴纳××金额给本公司，作为交易保证金，××公司再配发此金额范围内的股份给代理店。

第八条　相关资料的提供

××公司必须令代理店提供必要的资料（例如客户名册、预估客户名册、销售计划等）。

第九条　交货方式与运费

本公司以××公司的工厂作为给代理店交货的地点。但如代理店另提出请求，可送货至其指定地点。

关于前项，如另有声明，则产品的装箱费、运费由代理店负担。运送途中如发生事故，其费用负担由××公司与代理店双方经由协商后决定。

第十条　退货

当货品与代理店的订货内容不同，或不合格品的制造责任明显为××公司所有时，才能接受退货条件。

第十一条　付款条件

货款的缴付以每月20日为期限，上月21日至本月20日货款则于下月10日缴齐。

前项付款以付款日起算，以10日内到期的支票为主。

第十二条　暂停发货

代理店如未能履行前项付款义务，或有违约情况发生，××公司将暂停给其发货以便观察。

（二）对代理店的支援

第十三条　主旨

为促进代理店的销售绩效与××公司和代理店之间的互助关系，特制定各种奖励及支援制度。

第十四条　交易奖励制度

以下奖励制度适用于代理店的销售及付款事宜。

（1）销售额增进的奖金。代理店三个月的平均进货额如超过去年同期三个月平均额的三成以上，可享受一定回扣优待，奖金标准另定。

（2）前项奖金的计算及回扣是以该期的最后一月为计算基准月。

第十五条　代理店的优惠条件

（1）代理店如加盟代理店协会，将可享受代理店的经营及技术指导，产品知识的指导，配发宣传用品、经营资料及其他种种特惠条件。

（2）享受前项的代理店规定及其他规定。

（三）附则

第十六条　严守机密

代理店必须严守与××公司的有关交易机密，不得泄露给第三者。

第十七条　违反规定的处置

代理店如违反本规章的各条规定，××公司可随时解除部分或全部的合同。

第十八条 禁止代理店彼此之间的竞争

代理店须于指定区域内，以其售价来进行销售活动，避免向其他区域扩销，引起代理店彼此之间无谓的竞争。但如经××公司指示时则不在此限制之内。

若因前项行为或类似方法，引起代理店之间的竞争，××公司将站在公平的立场上调停解决。

第十九条 新代理店的设置

××公司在设置新的代理店之前，要做好充分的调查与研究，同时要咨询代理店的意见，如有问题要及时调停解决。

第二十条 指定法院

当发生本规定的相关纷争时，由××公司所在地的管辖法院裁决。

第二十一条 规定的废止、修正

本规定的废止、修正等事宜须经由代理店会议协商后才能实施。

五、代理商管理制度

第一条 代理商资格

申请成为本公司代理商必须具备以下条件：

（1）具有独立法人资格，并有对本公司代理产品的合法经营权（提供相应证明资料）。

（2）良好的资信能力和商业信誉。

（3）从事××产品销售的公司，在全省或区域具有较完备的分销渠道，有良好的相关产品销售业绩和客户关系，认同该产品的市场潜力。

（4）需提供较完善的市场管理、拓展、营销计划。

（5）代理商应配备必备的销售和技术服务人员，并对其定期进行技术、业务培训；应全面负责辖管区域的技术服务，直接对客户负责。

第二条 代理价格

实行城市代理价格，A类省会和直辖市（北京、上海、广州、天津、重庆及深圳市）×万元/3年，B类城市（除A类外的所有省会城市）×万元/3年，C类城市（除A、B之外所有城市）×万元/3年。

第三条 代理商的责任与义务

（1）代理商一旦与本公司签订代理协议，即须遵守本制度有关规定。

（2）代理商在代理协议约定区域内开展代理产品各种合法销售活动。严禁未经本公司书面认可在其他区域内从事各种形式的本产品推销活动。

（3）代理商须严格执行本公司规定的各种价格政策（最低限价原则），不得随意调价，扰乱市场价格秩序。

（4）代理商须保证完成约定的销售目标额。

（5）代理商需于每月提供销售、库存统计表，以便总公司及时掌握各地市场情况，协助代理商完成产品的销售。

（6）无论代理协议终止与否，代理商均不得泄露本公司的商业秘密和技术秘密，一经发现公司将严肃处理。造成损失的，公司将依法追究其法律责任。

（7）订购产品采取先打款、后发货的原则。

（8）把销售客户档案（名称、地址、电话、联系人、机器台数）每月25日前通报本公司，以便听取客户意见，改善产品及服务质量。没有通报者停止下次发货。

（9）不得销售其他同类功能的产品。

第四条 本公司对代理商的支持与承诺

（1）公司对代理商给予必要的技术支持。

（2）公司配发一定数量的宣传用品和资料。

（3）协助代理商在当地开展丰富多彩的产品推广活动。

（4）将代理商列入合作伙伴名单，通过媒体、网站及公司网页发布信息，参与免费联名广告发布。

第五条 售后服务

公司将承担产品保修和更换工作，代理商负责现场的调试维护工作。

第六条 附则

（1）代理商要自觉接受本制度约束，若代理商违反本制度规定或未完成销售任务额，本公司有权暂停供货，直到终止代理关系。

（2）代理商因其他原因需终止代理关系，需向本公司提前一个月提出书面申请，经本公司确认后，结清往来货物及款项，代理费不予退还。

（3）代理商之间发生业务竞争和冲突，本公司依据公平、公正、公开的原则按其各自授权范围予以调解。

（4）本公司与代理商之间的经济纠纷，由本公司所在地法院裁决。

（5）本制度作为代理协议之附件与代理协议具有同等法律效力。

（6）本制度解释权属本公司。

第七条 建立合作关系

（1）交资格证明文件：包括代理商营业执照副本复印件、法人代表身份证复印件、税务登记证复印件。

（2）签署代理合同。

六、关于代理店的奖励规定

1. 管理补贴

乙方作为甲方的代理店（乙方：代理店），在第二次进货时，可以享受“产品系列套餐”中每一套餐提取人民币×××元，作为开办代理店的管理费用补贴。

2. 累计销售返点

甲方根据乙方的销售额，给予一定的奖励，乙方第二次进货以后，累计销售完成六个“产品系列套餐”时，给予××××元奖励，以后再次累计每销售完成六个“产品系列套餐”时，给予××××元的奖励。

3. 拓展培训费

甲方根据乙方的市场拓展能力，给予一定的奖励。乙方直接拓展培训每一个代理店时，可以享受一次性获取人民币××××元整，作为开办代理店的拓展培训费用补贴。

4. 拓展累计返点

乙方所直接拓展代理店在第二次进货以后，累计每销售完成三个“产品系列套餐”时，给予××××元的奖励。以后再次累计每销售完成六个“产品系列套餐”时，给予××××元的奖励。

5. 物质奖励

乙方直接拓展培训每五个代理店时，甲方给乙方物质奖励，仅为一次。

6. 奖励发放

以上奖励的发放日为次月二十日以后，奖金可以申请为订货款。

以上所有奖励，只有公司授权的代理店享受，其他任何单位及个人无权享受和复制。

七、专卖店考核管理细则

（1）为进一步提高该专卖店员工积极性和激发员工创造性，制定本考核管理细则。

（2）本专卖店定员、定岗；店长、店员基础工资均为______元/月。

（3）店长在分管经理管理下，管理本店。

（4）店长协同店员有提前建议活动内容的权利和义务，经分管经理同意后执行，确保专卖店销售稳定持续增长。

（5）专卖店考核销售收入日均________元；只有完成或者超额完成任务，店长、店员才能享有基础工资；否则工资按照完成任务比例发放，但是工资最低不低于________元。

（6）超额完成任务，店长提取超额销售收入的__________%，店员提取__________%作为奖励。

（7）考虑到销售的淡旺季，为确保员工每月工资稳定性，销售收入平均日均超过________元，低于________元部分，保留该部分作为年终兑现；某月日均销售低于考核任务时，优先填补不足部分（下月销售弥补前期任务不足部分，年终一起补齐基础工资），确保员工发放工资的稳定性；一月份该部分净值，按照超额完成兑现比例，春节前一次性兑现给员工。

（8）超过________元/日的销售额，当月马上兑现给员工。

（9）店长、店员的招聘、解聘由分管经理负责；试用期不超过________天，试用期工资________元，店员转正后，公司补发基础工资；试用期________天内，店员主动离职，公司不发放工资，公司辞退店员，按照试用工资发放工资；店长、店员辞职分别需提前________天、________天书面报告分管经理，以便调整专卖店人员和进行必要的账务、资产核对检查；否则公司将扣除其在公司的所有权益，包括尚未发放的工资和尚未兑现的奖励。

（10）年终公司分别对所有专卖店经营平均毛利率、月平均毛利最高的店进行表彰奖励。

（11）集团购买是指一两款产品批量（不低于××元）购买，其他产品不买或者在购买中占比例不超过________%的以单位为购买主体的销售。店长、店员利用业余时间联系集团购买，全部提成给专卖店对应人员；公司协助开具增值税发票、普通发票，超出零售价________%部分，公司代收________%的税；专卖店人员不得利用上班时间到店外跑团购。

本考核管理自________年____月____日执行。

八、连锁店管理制度

第一条　基本理念

本店是依行业协会的原则，运用小型组织的连锁店以实现加盟店的经营合理化，同时以能做到充分满足消费者所要求的店铺为基本理念。

第二条　目的

本规章是规定某加盟店组织活动，订立加盟店本部（以下称本部）的权利义务、加盟店的营运制度、经营管理制度与加盟店的权利义务等条款。

第三条 企业体系

（1）企业名称（考虑现在与未来）。

①××连锁体系（机构）。

②××名店连锁（加盟店自称）。

（2）企业、品牌标志（识别图形）。

（3）企业商标。

（4）企业品牌标准字（中、英文）。

（5）企业标准色。

（6）企业造型、象征图案。

（7）名片、信纸信封（包装物）。

（8）企业全衔及商标的组合。

（9）证章（会员店正式凭证）。

第四条 基本特权

加盟店遵守本规章各条款时，即赋予以下的基本特权：

（1）使用“××”商号的商标，经营店铺。

（2）使用“××”商号的商标作广告宣传活动。

（3）经销本部组织独自开发的商品。

（4）施以内外包装的统一，并利用共同管理方式。

（5）接受本部的经营技术指导，并使用本部的指导要领经营。

（6）接受经批选的统一商品及物品的供给，并使用统一的订货手册。

（7）参加本部统一举办的宣传广告，促进销售及其他的共同活动。

（8）接受有关店铺之新设、改装的专门技术指导。

（9）参加本部计划的教育训练。

（10）接受经营计划的拟定及指导。

（11）接受必要的情报。

第五条 广告体系

（1）宣传口号，企业信条。

（2）标准店招牌（竖、横），含证章牌。

（3）标准店外观（颜色、格局）。

（4）标准店内饰（装潢、陈列、设备）。

（5）衣着制服。

（6）名牌标识。

（7）包装用品、营业用品。

（8）标准 P. O. P. 格式。

(9) 贴纸（格式、大小、竖横）。

(10) 店卡。

(11) 贵宾会员卡、优待卡、感谢卡。

(12) 广告旗。

第六条 机密的保守

加盟店对于本组织的计划、营运、活动等的实态及内容不得泄露于他人，特别对下列事项作为重要机密保守，如违反时，其所发生的损害，应由当事人负责赔偿。

(1) 经销商品及物品的采购厂商、价格、进货条件。

(2) 加盟店的详细经营内容，特别对进货、销售、资金的计划、实绩的具体内容。

(3) 其他指定的事项。

第七条 禁止事项

加盟店不得有下列行为：

(1) 从本部进货商品，提供给非加盟店。

(2) 加入本组织以外的同业连锁店。

(3) 毁损加盟店的名誉。

(4) 将本部所送的文件、情报无正当理由提供他人。

九、连锁店协约通则

第一条 总则

本连锁店是以××公司为主体，由相关店铺自愿加盟的连锁店。

第二条 加盟条件

加入连锁店，必须履行以下义务：

(1) 与××公司签订维持销售价格合同和销售公约。

(2) 向××公司交付×××元的交易保证金。

(3) 同一经营主体拥有多家店铺情况下，原则上都应加盟连锁店。

第三条 货款支付及回扣

各连锁店需按要求支付货款，××公司予以一定的折扣回报。如不能按期支付货款，则取消回扣。

第四条 供货价格

公司对各加盟店的供货价格由商品目录列示。

第五条　回扣款的支付

回扣款中四分之一纳入交易保证金，四分之三以现金支付。

第六条　交易保证金计息

交易保证金以年息×%一年两次分段计息，利息以现金形式支付给各连锁店。

第七条　连锁店优先原则

××公司对连锁店优先供货，供货价格优惠，交易条件尽量放宽，并向各连锁店提供技术指导和广告宣传资料。

第八条　分会

在一个地区内如连锁店达到7个以上，都可成立连锁店分会。

分会由会长1人、主管会计1人、干事多人组成。酌情可增设副会长和顾问。以上人员可选举产生，其任期为1年。

第九条　上报事项

如成立分会，需向总部汇报下列事项：

（1）分会成立时间。

（2）分会协约。

（3）下属连锁店的住址、名称、负责人姓名。

（4）分会领导人名单。

第十条　分会会议

分会每月召开一次会议，主要进行销售、经营管理和学术研究。总会有关人员应参加会议。

第十一条　财务及业务报告

分会长每年两次向分会和总会提交年中和年末财务报告和业务报告。

第十二条　批复新加盟店

在分会所属地区，如有新店铺申请加盟连锁店，如无下列情况，由分会批准其加盟：

（1）其附近已有相近店铺加盟。

（2）该店铺加盟会妨碍连锁店经营。

（3）该店铺企业形象不佳，经营管理不善。

第十三条　分会经费

××公司从连锁店支付货款中扣除×%作为各分会的活动经费，经费每年6月和12月结算支付。如分会不遵守有关规定，则停止拨付经费。

第十四条　分会经费使用

分会经费主要用于第十条所定的分会会议。

第十五条　决策的生效

分会作出的各种决策、协议和条约，只有经总会同意批复才生效。

第十六条 修订

本协约需要修订时，应按正常程序，依照多数同意原则，方可进行，并得到总部同意。

十、连锁店组织制度

第一条 本店是依行业协会的原则，运用小组织的连锁经营以实现加盟店的经营合理化，同时以真正能做到充分满足消费者所要求的店铺为基本理念。

第二条 本规章是制定××加盟店组织活动，订立加盟店本部（以下称本部）的权利义务，加盟连锁店的营运制度、经营管理制度等。

第三条

（1）在××公司内设置“××加盟连锁店本部”，并设各种委员会，以规划业务的发展。

（2）本部，××加盟连锁店本部要主持制定加盟连锁店的运营方式、制度、规章，以管理全体加盟连锁店。

（3）加盟店，店铺所有者的加盟连锁店，需要在一个事实上的商圈内，有独立（或优先的）营业的权利，并在整体经营体制（和店铺形态）下，遵从诚实经营的义务。

（4）委员会，在本部设置营运委员会，由本部从加盟连锁店中指定人员担任委员。

第四条 加盟连锁店的加入资格，规定如下：

（1）要具备一定的店铺规模。

销售场所面积及售货金额的最低标准为：

面积：××平米以上；每月营业额××万元以上。

（2）不得加入与本部实质上有竞争关系的其他连锁组织。

（3）必须专心经营。

（4）做本部的加盟连锁店要诚实经营并接受本部的经营指导和援助。

（5）对于本规章要全面赞同，并积极参加本部为加盟连锁店所举办的共同活动。

（6）要经常提出经营合理化的建议，且要自动、积极为经营合理化努力。

第五条 做加盟连锁店的条件：

（1）使用“××”的统一商号、商标，在店铺安装所定的招牌、标识。

（2）加盟连锁店应向本部缴纳加盟金××万元，此项加盟金不予退还。

（3）要接受本部的业务培训。

（4）与本部缔结加盟连锁合同，并在合同书上盖章。

第六条 为增进加盟连锁店的效益及确保利益，由本部提供程序化的独有销售技术。

第七条 为确保前条的利益，下列事项由本部统一计划、指导实施。

（1）商品构成计划。

（2）商品陈列计划。

（3）毛利计划。

（4）销售促销计划。

（5）广告宣传计划。

（6）进货补给计划。

（7）其他关于店铺管理计划。

第八条 商品供给方法：

（1）加盟连锁店经销货品中，至少有×%以上货品要向本部进货，以达进货集中化。

（2）商品的供给，原则上依本部所定的定期配送系统配给。

第九条 每月1日至月底所进的货款，于次月5日以前汇付至本部所指定的银行，或将支票寄至本部。

第十条 由本部所供给的商品及物品，原则上不予退货。但有下列的情形时，调换产品。

（1）本部承认的退货期限内的特定品，但退货所需的运费及其他损失，如本部无过失，其费用由加盟连锁店负担。

（2）本部拟订销售计划指定商品的配额，在本部所承认的一定期间内不能售出时可以退货。

（3）前项退货商品货款的支付，应依前条所定每月份结算。

第十一条 加盟连锁店对于本部的经营管理费用应依下列方法分担：

（1）会费每月××元。

（2）每月向本部交付进货金额的×%。

第十二条 除依前条负担固定的经营管理费用外，加盟店应依下列基准，逐项分担为连锁事项产生的费用。

（1）共同广告经费——实费或分担。

（2）共同特卖经费——实费或分担。

（3）各项活动经费——实费或分担。

（4）调查、教育经费——实费或分担。

（5）店铺、广告陈列品的设计及物品的费用——实费。

（6）其他特别指导援助的经费——实费。

第十三条　有下列各项事由时，本部应解除加盟契约。

（1）加盟店无正当理由，不服从前条规定时。

（2）加盟店的经营亏损，继续亏损六个月以上，经“纪律委员会”判断无法改善经营状况时。

（3）加盟店或加盟店的经营者申请破产，或受强制执行或执行保全处分或拒绝往来处分时。

（4）与加盟店的经营者有关的加盟店发生经济纠纷，因而加盟店的经营会受大影响时。

（5）对本部的债务履行，虽经劝告，仍不履行时。

第十四条　有下列事由时，本部应将该加盟店除名：

（1）对本规定有重大违反时。

（2）明显妨碍本组织的信用时。

（3）妨碍正常的连锁营运时。

第十五条　加盟店无论何时，均可退出本连锁组织，而解除加盟契约，则至少应于三日前，以书面通告本部。

第十六条　契约解除后，应处理的事项

（1）遵从本部指示，将店铺内外所标示的加盟店名称撤除或抹消。

（2）遵从本部指示，将经售商品目标、价格表及其他本部送付的物品、文件送还。

（3）本部指定的商标商品应予回收，其回收价格应服从本部的查定。

（4）对本部或其他加盟会员的债务要立即偿还。

（5）实施上列各项所需一切费用，由加盟店负担。

（6）由于解除契约，发生具体损害时，应予赔偿。

第十七条　本规章的修正，须经出席加盟店代表三分之二以上的多数决议通过。

第十八条　关于加盟店的营运，本规章或另订的各种规则无规定时，即依据本部斟酌的决定办理。

十一、连锁店分会协约

第一条　名称

本会全称为××连锁店××分会。

第二条　分会机构

分会设分会长一人，主管会计一人，监事若干人。

第三条　人员职责

分会长代表分会，全权负责对分会各项事务的管理。

主管会计负责管理分会的会计事务。

其他人员的职责由分会长确定。

第四条　分会会议

分会会议每季度召开一次，负责听取业绩报告和审理预算的报告。

第五条　例会

分会每月召开一次例会，主要进行销售、经营等业务研究。

第六条　经费

分会的活动经费由总会拨付。

十二、连锁店互助会公约

第一条　目的

本互助会以加盟于××连锁店的成员间的相互扶助为目的。

第二条　入会

凡属于××连锁店的加盟店，赞同本会目的并经过一定的入会手续即可入会。

第三条　经费来源

本会经费来源于会员交纳的会费。

第四条　会费

会员会费每年缴纳××元，支付方式是从连锁店总会给各加盟店的回扣中直接划拨，中途加入者需以全额支付。

第五条　经费使用

会员如遇特殊事件，从会费中拨款予以救助。救助对象主要是火灾和会员及其配偶伤亡。

第六条　会费追加

会费收不抵支时，需会员追加会费，追加数额由理事会决定。

第七条　会费返还

会员主动退会，或因失去加盟店资格退会时，需退还会费××元。

第八条　机构

本会设理事长一人，理事多人，监事多人。理事长人选应由连锁店总部负责人兼任，理事和监事由理事长推荐。

第九条　分工

理事长全面负责本会工作；理事协助理事长进行工作；监事负责监察本会财务工作。

第十条　理事会

理事会由理事长和理事构成。

第十一条　剩余会费处理

本年度未使用完的经费转入下一年度使用。

第十二条　财务报告

每年年终，理事会要向全体会员报告本会财务状况。

第十三条　解散处理

本会解散时，剩余会费按会员累计实缴会费的一定比例返还。

第十四条　会费保管

会费由连锁店总会代为保管，不计利息。本会日常活动经费由总会负担。

第十五条　解释权

对本公约未列事项和有争议事项，解释权归理事会。

十三、自由连锁店组织制度

（一）总则

第一条　本连锁店属于由加盟店与××公司联合组成的自由连锁店。

第二条　本连锁店的宗旨是互利互惠、相互合作、共存共荣、谋求各自事业的发展、共同服务于消费者。

第三条　本连锁店总部设在××公司内。

第四条　连锁店经营总部的任务是：

（1）为各加盟店选择和提供经营商品。

（2）指导各加盟店的经营管理。

（3）协调各加盟店内其他日常事务。

（二）加盟店

第五条 加入本连锁店，须通过地区分部向总部提出申请。

第六条 总部要在对申请者经营情况和所在地区市场情况分析基础上，作出决定。

第七条 各加盟店必须在显著位置挂有本连锁店标识。

第八条 各加盟店在一年中必须经销一定数量的连锁店统一经销商品（××公司产品），其数量由连锁店大会确定。

第九条 对上述商品，各加盟店不允许进行再批发或转销。

第十条 各加盟店统一经销的商品，必须以指定价格销售。

第十一条 各加盟店必须与地区分会保持密切联系，接受后者的检查与指导。

第十二条 各加盟店对第七、八、九、十条规定如有违反，或对整个连锁店的经营发展造成不良影响时，经总部或地区分部同意，可终止其业务。

（三）总 部

第十三条 总部的主要任务是在广泛听取各加盟店意见的基础上，制定本连锁店的发展计划，并会同下属机构组织实施计划。

第十四条 总部应与下属机构及加盟店间保持密切联系，在宏观上加以指导。

第十五条 ××公司负责生产或购入商品，提供给各加盟店。

第十六条 ××公司不得将连锁店统一经销的商品提供给非加盟店，但可以向国外出口。

（四）地区分部联合分会

第十七条 七个以上邻近地区的加盟店即可成立地区分部。

第十八条 联合分会由全国大中城市的地区分部构成。

第十九条 地区分部与联合分会接受总部的领导，应以推进下属单位的经营发展为己任。

第二十条 地区分部与联合分会可根据情况需要，另行制定其他规章制度。

第二十一条 地区分部和联合分会依照本制度自主经营。

（五）全国联合分会长会议

第二十二条 全国联合分会长会议由各联合分会会长组成。

第二十三条 全国联合分会长会议是总部的非常设咨询机构，其职责是向总部提出建设性意见。

（六）附 则

第二十四条 本制度自××××年×月×日起实行。

十四、代理店调查报表

代理店调查报表

店名		地址		电话			
设立日期	年　月　日（创业　年）			开始交易日　年　月　日			
代表人	店名　姓名　出生　年　月　日（岁）				总店		
	店名　姓名　出生　年　月　日（岁）				分店		
交易人	店名　姓名　出生　年　月　日（岁）				总店		
	店名　姓名　出生　年　月　日（岁）				分店		
资　产	元	销售额	月平均	员工		销售人员	
资本额	元	销售额	月平均	员工		销售人员	
营业品目		主要购货客户		主要客户			
银行往来			交易条件				
资产		付款态度		店主性格			
历史沿革							
营业概况							

十五、代理店关闭报告表

代理店关闭报告表

年　　月　　日

代理店	店　名		代表人	
	地址			
	开始交易日 年　月　日		关闭 年　月　日	
关闭理由：				
收回物品	1. 契约书	份	7.	
	2. 印章	个	8.	
	3. 招牌	块	9.	
	4. 销售账簿	本	10.	
	5. 收据凭证	张	11 .	
处理栏	接收人	营 业 处 理		总务处理

十六、店铺情报检查表

店铺情报检查表

○情报总括

情报种类	内　容
1. 畅销商品	
2. 销售现场情报	
3. 消费者情报	

○畅销商品情报

商　　品	
价　　格	
库　　存	
特　　征	
每日动向	

○销售现场情报

销售现场状况	
陈　　设	
管理状况	
竞争商品	
销售人员状况	

○消费者情报

购买情报	
特价状况	
宣传方式	
广告效果	

○情报分析

问题点
提　案

十七、改善提案受理登记表

改善提案受理登记表

受理时间	提案编号	提案名称	提案代表人		送交审查时间	结果			备注
			部门	时间		采纳	保留	不采纳	

十八、提案表

提案表

<table>
<tr><td colspan="2">□营业改善 □其他类</td><td></td><td></td><td></td></tr>
<tr><td colspan="5">□设备改善 提案日期 . 年 月 日 编号:</td></tr>
<tr><td rowspan="3">改善项目</td><td colspan="2" rowspan="3"></td><td colspan="2">附图表 张</td></tr>
<tr><td colspan="2">附说明 页</td></tr>
<tr><td colspan="2">共 页</td></tr>
<tr><td colspan="5">目前做法及问题</td></tr>
<tr><td colspan="5">改善提议</td></tr>
<tr><td colspan="5">改善利益</td></tr>
<tr><td colspan="5">审核结果 有无申请专利需要、 □有 □无
申请项目</td></tr>
<tr><td rowspan="2">实施结果</td><td>实施部门</td><td></td><td>实施日期</td><td>自 至</td></tr>
<tr><td>结果</td><td></td><td>核法奖金</td><td></td></tr>
<tr><td>备注</td><td colspan="4"></td></tr>
<tr><td>提案人:</td><td></td><td>所属部门:</td><td></td><td></td></tr>
</table>

第七章　零售企业消防安全管理制度与表格

一、空调设备运行检查与保养制度

第一条　运行检查制度

1. 空调主机

（1）每两小时按操作规程中运行检查所列项目对空调主机进行一次检查，并记录有关数据、状态。

（2）每星期一清洁机房及机组表面灰尘。

2. 冷冻水泵及冷却水泵

每两小时做一次如下项目的检查：

（1）水泵电机轴承温度是否正常运转，是否有异响或振动。

（2）压力表读数是否正常。

（3）联轴器是否有异响跳动及是否漏油。

（4）阀门开关位置是否正常。

（5）排除不正常的漏水现象。

（6）每周清理泵组外表及机房环境卫生。

3. 冷却水塔

（1）每两小时检查一次运行电流电压。

（2）每天两次实地检查运转情况。

①运转是否有振动或异响。

②水流是否正常，塔内水位是否正常。

（3）每星期检查一次皮带张紧度，必要时进行调整。

4. 柜式空调机

（1）每天到实地检查两次。

（2）机组运行是否有异响或振动。

（3）凝结水畅通情况及机组出风情况。

（4）电动阀门工作状态。

（5）每星期检查一次皮带张紧度，必要时进行调整。

第二条 月度保养

1. 空调主机

（1）认真检查各仪表是否可靠，更换不正常的仪表。

（2）检查冷冻剂是否有泄漏或漏油漏水现象。

（3）分析一个月以来的运行情况，判断连续运行的可靠性。

2. 冷冻水泵、冷却水泵

（1）轴承加油。

（2）检查联轴器润滑油是否足够。

（3）检查地脚螺丝及主要连接螺丝是否有返松现象。

3. 冷却水塔

（1）检查皮带轮的磨损情况，必要时更换或修理，同时检查皮带及键是否松动。

（2）轴承加油。

（3）清洁表面灰尘，要求漆见本色、铁见光。

4. 柜式空调机

（1）清洗空气过滤网。

（2）检查皮带及皮带轮磨损情况，及皮带轮及键是否有松动，必要时更换及修理。

（3）检查叶轮紧固螺丝及轴承座紧固，螺丝是否有返松现象。

（4）轴承加油。

（5）清理机组外表及机房环境。

第三条 季度保养

1. 空调主机

（1）检查冷冻剂及机油是否足够，机油是否变质，必要时添加或更换。

（2）检查清洁水过滤器。

2. 冷冻水泵、冷却水泵

（1）电机轴承加油。

（2）联轴节清洁、换油。

（3）检查清洁泵前水位过滤器。

3. 冷却水塔

（1）保养、检修所有附属阀件。

（2）检查所有非不锈钢保护是否完好，必要时做油漆保护。

4. 柜式空调机

（1）电机轴承加油。

（2）检修测试电磁阀门工作状态，检测温控可靠性。

第四条 年度保养

1. 空调主机

（1）做一次全面性的技术性能检查，再做针对性的拆检处理。

（2）检验各仪表的准确可靠性。

（3）停机保养前，全面检查冷冻剂系统、润滑剂系统、水系统的密封性能。

（4）检查保养安全阀及所有附属阀件。

（5）清洗机油过滤器。

（6）每两年更换一次冷冻机油。

（7）换季停机的拆盖清洗冷凝器及蒸发器，检查管子是否有腐蚀现象。

（8）测试电路动作的可靠性，模拟试验各安全装置的性能。

（9）电机做年度检修保养。

2. 冷冻水泵、冷却水泵

（1）检查所有运动部件的磨损情况，更换轴承油。

（2）检查密封件的密封情况。

（3）检查泵叶壳的腐蚀情况，清洁泵叶、泵壳内外表面，泵壳内外表面及机架做除锈油漆保养。

（4）检查各仪表的准确可靠性。

（5）检查保养所有附属阀件。

（6）校对轴线，做好记录，检查键与键轮的磨损情况，检查键轮及键与轴配合是否有返松现象。

（7）电机做年度检修保养。

（8）测试电路动作的可靠性。

3. 冷却水塔

（1）检查所有运动部件的磨损情况，更换轴承油。

（2）对电机做年度检修保养，并测试电路运作的可靠性。

4. 柜式空调机

（1）检查所有运动部位的磨损情况，更换轴承油。

（2）清理叶轮、风机壳，检查腐蚀情况，做好防锈保护工作。

（3）检查所有附属阀件。

（4）检查保温层，检查风管是否完好。

（5）对电机做年度检修保养。

（6）大修后、启动前必须对叶轮轴承座、电机地脚螺丝等主要连接螺栓做一次全面的紧固检查，并在运转 48 小时后再重新检查一次。

（7）清洁消音器。

二、危险物品安全管理制度

1. 具有易燃、易爆、腐蚀、有毒等性质；在生产、储运使用中能引起人身伤亡、财产损毁的物品，均属危险物品。

2. 危险品必须按其性质和储运要求，严格执行危险品的配装规定，对不能配装的危险品，必须严格隔离。

3. 危险物品的装卸和运输，必须指派责任心强、熟知危险物品性质和安全防护知识的人员承担。

4. 装运人员应按危险品性质，佩戴相应的防护用品，搬运时轻拿轻放，严禁撞击、拖拉和倾倒，所用扳手等工具应为铜、铝合金。

5. 液体危险品装卸时，要严格执行防静电的有关规定。往储罐内输送物料前，必须认真检查输料管路、输送泵和电器是否处于正常状态，并按要求启、闭阀门，并随时检查液位，防止溢料，往铁桶内灌装物料前，要认真检查桶是否完好，灌装时要认真负责，灌装毕桶盖应拧紧，跑、冒、滴、漏洒落地面的要及时处理、清理干净，不得留有残液。

6. 危险品仓库、货场，必须严格执行出入库发放制度。

7. 危险物品包装容器应当牢固、密封，发现破损、残缺、变形和物品变质等情况，应当立即进行安全处理。

8. 装运易燃、易爆危险物品机动车，应悬挂“危险品”信号，罐车要挂接静电导链。

9. 储存易燃、易爆物料的库房、货场区的附近，不准进行封焊、维修、动用明火等可能引起火灾的作业。如因特殊需要进行这些作业，必须经批准，采取安全措施，派员进行现场监护，备好足够的灭火器材。作业结束后，应当对现场认真进行检查，切实查明未留火种后，方可离开现场。

10. 库区、场区要经常保持整洁，对散落的易燃、易爆物品和杂务应当及时清除。用过的棉纱、抹布、手套等用品，必须放在库外的安全地点，妥善保管和及时处理。

11. 装卸易燃、易爆物品，必须轻拿轻放，严防震动、撞击、重压、倒置和摩擦，不准使用易产生火花的工具，不准穿带钉子的鞋，并应当在可能产生静电的设备上，安装可靠的接地装置。

12. 进入库区、场区的汽车、拖拉机必须带火罩，并不准进入库房。

13. 库房、货场区装卸作业结束后，应当彻底进行安全检查。

14. 库房、货场根据灭火工作的需要，备有适当种类和数量的消防器材设备，并布置在明显和便于取用的地点。消防器材附近，严禁堆放其他物品。

15. 两种性质相互抵触的危险物品，不得同时装运和同库存放。

16. 易燃、易爆液化气体（液氨等），使用时瓶内物质不得用净，要留有余压，防止物料窜入。

17. 受阳光照射容易燃烧、爆炸的化学易燃物品，不得露天存放。

18. 在危险品仓库、货场的防火间距内，不准堆放可燃物品。

19. 对散落、渗漏在车辆上的易燃、易爆、腐蚀性物品，必须即时清除干净。

20. 危险物品装卸前，应检查仓库、货区、车体是否干燥，车内不得留有残渣。

21. 装卸危险物品严禁使用明火灯具照明。

22. 机械作业时，机具应能防止产生火花，随时检查齿轮泵的运行情况，发现异常及时处理。

23. 可燃液体储罐应设液面计，带有灭火器的放空管，并且随时检查，使其运行正常。

三、危险设备作业制度

1. 为了加强进入危险设备内作业的安全管理，防止作业人员进入危险设备内发生中毒、窒息、着火和爆炸等事故，特制定本制度。

2. 本制度适用于公司各部门、生产厂和外来施工队在公司区域内进行符合本制度规定的进入危险设备内的作业。

3. 本制度所指的危险设备为产生、处理或储存氧气、高炉煤气、焦炉煤气、氮气、氩气、苯、氨水、各种油类等的储罐、塔、槽、箱体、气柜、炉膛、气（汽）包、管道、容器等设备。

4. 危险设备内作业许可证的管理。

（1）《危险设备内作业许可证》原则上应提前1天到生产部办理，由危险设备所属单位专（兼）职安全员认真填写许可证上设备所属单位、设备名称、设备内介质、检修作业时间、检修作业内容、设备切断置换安全措施、单位负责人签名等内容后，交由检修单位填写。

（2）检修单位在接到《危险设备内作业许可证》后，检修项目负责人认真填写该证上检修单位、检修单位负责人签名、作业中可能产生的有害物质和检修作业安全措施等内容。

（3）在完成进入危险设备内作业的各项准备工作，落实安全措施，经现场分析或检测检查合格后，依序由现场检测分析人、危险设备所属单位检修现场监护人、检修项目负责人、检修单位检修现场监护人和公司生产部安全管理人员分别签名后,《危险设备内作业许可证》生效，检修单位方可开始作业。

(4)《危险设备内作业许可证》为一式三联，第一联由公司生产部留存，第二联由设备所属单位留存，第三联由检修单位留存。

(5) 进入危险设备内作业涉及动火的，按公司《动火管理制度》执行，并办理相应的动火许可证。

(6) 在检修作业过程中，检修项目负责人、检修现场监护人（包括设备所属单位和检修单位）必须坚守检修现场；对于在作业过程中可能产生、窜入或泄出危险物质的情况下，现场检测分析人必须坚守检修现场，并最多每隔 30 分钟进行检测分析一次；一旦发现异常，及时通知设备内作业人员立即撤出，待采取措施并重新检测分析合格后，方可继续进入作业。

5. 危险设备内作业的安全技术措施。

(1) 切断。

停止危险设备的运行和使用，对设备与外界连接的管道、设施进行可靠隔绝，如装设盲板、拆卸连接部位、关闭阀门等，设有盲板的位置应标示。对动力电源的切断，应严格按照相关的电气规程严格执行。

(2) 清洗、置换和清理。

对危险设备可靠切断后，打开设备上所有人孔、手孔、放散阀、排空阀、出气阀、料孔和炉门等。

四、防火安全管理制度

1. 认真做好对员工的安全教育工作，提高安全防火意识，遵守安全操作规程和各项规章制度。

2. 木工间、宿舍、仓库及易燃、易爆等场所不准使用明火、电炉和高用电量电热器，不准在场内吸烟；施工现场必须严格遵守用电消防安全管理规定，防止电气失火。

3. 电焊、气割及生产用火时，必须遵守防火安全间距的规定，远离易燃和可燃物，落实防范措施，动火前，必须按级别履行动火审批手续，不准违章使用明火。

4. 每天要做好落手清工作，工作场所的刨花、木屑等可燃物必须及时处理掉，并堆放到安全地点，易燃易爆及化工材料必须按规定严格保管和存放，下班后应切断电源闸刀。

5. 有专人负责，经常检查工作场所的防火安全，对安全隐患必须立即采取措施整改，服从管理和监督。

6. 人人遵守、注意安全，对无视规章制度，不采取措施整改或违章造成后果的将视情节对当事人及项目部做出处罚，直到清退，触犯法律的由司法部门依法追究法律责任。

7. 经常向职工进行安全教育，积极预防火灾、爆炸、中毒等重大治安灾害事故的发生，严格遵守各项规章制度。

8. 对油库、易燃、易爆、危险品仓库、木工间、电工间及明火使用场所等重点防火部位，设立必要的消防设施，制定章约、经常检查，发现问题及时督促整改，做到防患于未然，如发生火警、火灾应立即报警和组织扑救，把事故消灭在萌芽之中。

9. 加强各种灭火器材的管理，根据各种灭火器材的特性，按部位配置并及时换药，做到全面有效。

10. 现场临时设施搭建应合理布局，对油库、油漆库、木工间、易燃、易爆及危险品仓库和部位、车辆加油等都必须远离明火，严禁吸烟，宿舍内禁止使用明火、电炉和高用电量电热器，禁止擅自私下装拆电器装置。

11. 健全义务消防组织，负责一定的业务指导和有条件进行消防训练，提高消防知识和实际消防工作能力。

12. 以上各条希望人人遵守，违者给予必要的处罚，直至提请追究法律责任。

五、防火安全工作制度

1. 各级领导要有专人负责消防工作，将消防工作纳入企业管理以保证消防措施的贯彻执行。

2. 建立健全各项规章制度，根据生产特点，发动群众制定和落实相应的消防制度、公约及必要的操作规程，并严格检查落实情况。

3. 深入进行安全思想教育，普及消防知识，教育职工发扬主人翁精神。

4. 开展防火大检查，及时消除火灾隐患，认真总结经验教训。

5. 加强防火重点要害部位的保卫工作，重点检查，发现隐患及时整改，如发生火灾，要狠抓事故“四不放过”。

六、消防安全工作管理制度

本制度规定了本公司安全生产管理中必须遵循的消防安全方面的制度：《用火

安全管理制度》、《用电安全管理制度》、《易燃易爆化学物品安全管理制度》、《基建与改建工程消防审核申报制度》、《员工消防安全教育制度》、《消防器材管理制度》、《安全防火值班制度》、《火灾事故处理报告制度》、《消防安全管理奖罚制度》。

本制度适用于本公司的消防安全管理。

1. 本制度术语

(1) 四不放过：指在处理事故中，事故原因没有查清不放过，事故责任者和员工未达到教育目的不放过，事故责任者没受到处罚不放过，没有制定改进措施和防范措施不放过。

(2) 三同时：指新建、改建、扩建工程项目时，工程项目与消防安全设施同时设计、同时施工、同时投产使用。

(3) 三懂三会。

三懂：懂得生产操作中的火险隐患，懂得火灾的预防措施，懂得扑救初起火灾的方法。

三会：会报警、会使用各种消防器材、会扑救初起火灾。

2. 用火安全管理制度

(1) 根据公司内部的火灾危险性，全公司内严禁吸烟（宿舍内除外），并设置防火标志。

(2) 在生产作业区动用明火应采取安全保障措施，必须办理动火审批手续，经部门经理和公司安委会秘书长以上领导批准，并有保安员现场监护，有相应消防器材，有隔离带，在规定地点、规定时间，由申请动火人来动火作业。作业完毕动火人须检查清理现场，保安员检查确定无火灾危险，方可离开现场。

(3) 仓库内严禁使用火炉、电炉及其他电热用具，严禁点燃蚊香，宿舍内严禁使用大功率电器取暖和煮食。

(4) 经批准同意使用的火源，严禁用易燃液体引火。

(5) 防火重点部门制定相应的岗位防火责任制度，明确防火负责人，落实防火安全措施。

(6) 禁止无专业焊工证人员操作电焊机和氧、炔焊枪。

3. 用电安全管理制度

(1) 电器设备的安装、修理应由持证专业电工人员按照电气安全操作规程进行。

(2) 电器设备、线路不得超负荷运行，按规定电工在辖区责任范围每天须巡回检查，发现问题，及时整改。

(3) 消防设备用电的电器线路应有防爆保护措施，并经常检修保养。

(4) 电闸刀盒要保持完好，不准用铜、铁丝代替保险丝。

（5）配电房和电器设备周围保持清洁，不得堆放杂物。

（6）用电保护装置规格应与用电设备容量相适应。

（7）防雷静电接地设施保持性能良好，每年定期进行检测，电阻不得大于10Ω。

（8）易燃易爆危险场所的电器线路和设备应符合《爆炸危险场所电器安全规程》的要求。

（9）各种照明灯具的发热部位不准直接接触建筑物的可燃构件，配电板、插座、继电器、空调器等，50厘米以内不准堆放可燃物品。

（10）电器线路设施每年定期进行彻底检查，线路老化、破损，应及时维修更换。

（11）因实际需要拉用临时电线应经工程设备部安全责任人同意，并报公司消防安全委员会批准，由专业电工进行安装，用后即拆。

4. 易燃易爆化学物品安全管理制度

（1）在使用和堆放易燃、易爆化学物品的车间和仓库，不得堆放杂物和其他可燃物，保持环境整洁，过道畅通。

（2）化学品仓库应按规定存放整齐，通风，定期检查，室外温度35°C以上应采取降温措施。

（3）装运、储存、使用易燃、易爆物品的人员要熟悉物品的性能和预防应急措施，应了解掌握“三懂三会”。

（4）危险品仓库要专人负责、专人管理，安全专管员须经公安消防部门培训上岗，危险品专仓存放，适量存放，定时领用。

（5）对渗漏散落等遗留地面的易燃、易爆、化学物品必须及时清理干净，做好妥善处理，杜绝隐患。

（6）储存易燃、易爆、化学物品的仓库、设备、容器必须符合防火、防爆要求。

5. 基建与改建工程消防审核申报制度

（1）根据《消防法》规定，新建、改建、扩建工程项目必须向当地公安消防部门进行申报，并做到“三同时”。

（2）经消防部门审核批准，领取城建部门施工许可证后方可施工。

（3）施工单位必须严格按照批准的消防设计图纸施工，不得擅自改动，并负责施工现场的消防安全管理工作。

（4）工程竣工，建设单位应通知当地公安消防监督部门派员参加验收，对不符合防火设计要求的，待整改后，方可接收使用。

6. 员工消防安全教育制度

（1）新入职的员工必须经过公司、部门、班组三级消防安全教育，经考核合格后方可正式上岗工作。

（2）要做好对临时工、合同工、外来施工队以及外来参观、办事人员入厂的消防安全教育。

（3）对员工的消防教育应纳入每年培训计划中进行培训，考核成绩合格方可上岗工作。

（4）凡从事有可能引起火灾危险的特殊工种人员：电工、电焊工、危险品专管员、液化气站管理员应经公安消防部门专业培训，取得上岗证后方可上岗作业。

（5）加强消防法制、法规教育，利用各种会议、标语、简报、讲座及灭火演练等各种方式进行消防宣传教育。

7. 消防器材管理制度

（1）消防器材集中管理，分区域由部门消防责任人负责保管使用，保证消防器材完好、整洁。

（2）按消防器材使用期限的要求，进行定期检查、测试、维修或报损耗更换处理。

（3）室内、外消火栓、灭火器附近不准堆放任何物品，消防柜内设施齐全、完好、干燥，防止霉烂、锈蚀。

（4）不得随意挪用消防器材，不准圈占、埋压消防设施和消防水源。

（5）消防设施若因需要拆除、移位、挪用时，必须由负责施工部门提出申请，经公司安全管理委员会批准方可实施，重大改动，必须由消防安全第一责任人决定并报当地公安消防部门备案。

8. 安全防火值班制度

（1）值班人员按时上岗，按规定做好巡逻检查。

（2）值班人员在值班期间不得擅自离开岗位，有特殊情况不能上岗或中途脱岗应办好委托手续。

（3）应密切注意全厂区的治安、消防、安全生产情况，特别注意用电、用火情况，发现火情立即报警，迅速组织扑救，并立即向公司消防责任人及上一级领导报告。

（4）认真做好值班记录，做好交接班手续。

9. 火灾事故处置报告制度

（1）发生火灾事故，应立即向公安消防部门报警，同时进行火灾扑救。

（2）保护好火灾现场，并协助公安消防部门调查火灾原因和火灾损失。

（3）火灾后应及时写出书面情况上报当地公安消防部门及有关单位，并提出有关火灾处理意见。

（4）为了吸取火灾教训，应根据发生事故“四不放过”的原则积极采取各项措施，以防类似火灾事故的发生。

10. 消防安全管理奖罚制度

(1) 单位消防安全责任落实，消防工作成绩突出，全年无火灾事故，对单位消防安全负责人，根据目标管理责任制进行奖励。

(2) 班组消防安全制度健全，措施得力，无违章情况，由部门根据目标管理责任制实施奖励。

(3) 兼职（义务）消防队员工作热情高，责任心强，及时完成各项任务，积极参加消防培训，工作出色，无事故，按有关规定给予一次性奖励。

(4) 对消防工作提出合理化建议并被采纳，有显著成效者，视贡献大小进行一次性奖励。

(5) 对及时发现火灾因素，及时消除火险隐患，杜绝火灾发生，视情节给予奖励。

(6) 对积极参加火灾扑救，及其他见义勇为行为，视情节给予奖励。

(7) 公司消防安全责任人、部门消防安全责任人，不履行职责，责任制不落实，火险隐患严重，未能积极整改，对责任人罚款处理。

(8) 班组安全制度不落实或违章发生火灾的，对直接责任者进行罚款。

(9) 擅自用明火、吸烟等违反用火管理规定，按公司现场管理条例罚款。

(10) 乱接、乱拉电气线路，违章使用电热、电器具，视情节罚款，发生火灾加重处罚或辞退，严重的应依法追究法律责任。

七、安全标志安装管理制度

第一条 安全警示标志是施工现场管理的重要内容，提醒施工操作人员注意安全事项，预防事故发生，安全标志不能代替安全操作规程和保护措施，安全标志由安全色、几何图形和图形符号组成。

第二条 安全色必须使用国家规定的红、蓝、黄、绿四种颜色。

(1) 红色表示禁止、停止（也表示防火）。

(2) 蓝色表示指令或必须遵守的规定。

(3) 黄色表示警告、注意。

(4) 绿色表示提示安全状态、通行。

第三条 施工现场必须配置安全标志。

(1) 防火标志（有发生火灾危险的场所，有易燃、易爆危险的物质及位置，防火、灭火设备位置）。

(2) 禁止标志（所禁止的危险行动）。

(3) 危险标志（有直接危险性的物体和场所并对危险状态作警告）。

（4）注意标志（由于不安全行为或不注意就有危险的场所）。

（5）救护标志。

（6）小心标志。

（7）放射性标志。

（8）方向标志。

（9）指导标志。

第四条　安全标志牌由项目综合办公室统一规划、制作，并由部门负责人负责标志牌的发放与管理。

第五条　施工单位必须建立正确使用安全警示标志和安全色的相应规定，确定监督检查的方法，形成文件下发，并有相关检查记录备查。

八、仓库爆炸品、危险品安全保管制度

1. “五双”制度。“五双”即双人保管、双把锁（钥匙）、双本账、双人发货、双人领用。

2. 出入库登记制度。无论何人进出库区都须详细登记。

3. 安全检查制度。检查有分工，职责明确，记录详细，及时整改。

4. 清点账物制度。保管员每周清点，保卫和物资部门每月清点，发现问题及时上报。

5. 禁止吸烟制度。进库人员必须交出火种。机动车入库，排气管必须带上火星熄灭器。禁止拖拉机进入库区。

6. 安全操作制度。搬运装卸及堆装易爆物品必须轻装、轻卸、轻拿轻放，严禁摔、掼、撞击，开箱应使用不会产生火花的工具，并应在专门的发放时间内进行。

易燃、易爆化学危险品仓库的保管人员“一日三查”，即上班后、当班中、下班前检查。查垛码是否牢固，查包装是否渗漏，查电源是否安全，查库内温度，在雨雪天时候有无雨雪进入库房等。

九、成品库安全管理制度

1. 成品经质检部门检验合格后，填好成品入库单，方可入库。

2. 成品库应保持干燥、清洁，远离火源。

3. 成品应按名称、类型分门别类摆放，外观整齐。

4. 定期检查成品包装有无破损、泄漏。

5. 注意产品的保质期，为出厂产品销售及时提供信息，以免造成损失。

十、火源安全管理制度

1. 进入易燃易爆场所，不准携带火柴、打火机等火种。

2. 事故现场、仓库、宿舍等不准使用电炉取暖。

3. 焊割作业要选择安全地点，清除周围的易燃杂物，以防引起火灾，工作完毕，要检查周围，若有电飞火、火花散落着火要立即清除。

4. 工作房、库房和工作场所临时动火应事先填报《危险作业申请单》，经有关部门检查同意发给《准许动火证明》，采取相应的防火安全措施后方可动火。

5. 易燃、易爆场所和库房，防止摩擦、冲击等发热和发生火花而起火，应使用铜、铝等有色金属制造的工具，不准穿带钉子的鞋进入这些场所。

6. 搬运盛装易燃、易爆和可燃气体的金属容器时，不要在地上抛掷拖拉，防止发生危险。

7. 灯泡距可燃物要远一些，防止灯泡烤着可燃物引起火灾。

8. 电气设备应定期检修，发现可能引起火花、短路、发热及电气绝缘损坏，接触电阻过大等情况，应立即修换，所有易生静电的设备，管线必须有良好的接地装置。

9. 在工作房、库房、施工现场、易燃易爆场所等，都应按规定配备有效的消防灭火器。

十一、安全保卫管理制度

第一条 安全保卫工作特指商场办公区域内的防盗、防火及其他保护商场利益的工作。

第二条 行政管理部负责商场办公区域的安全保卫工作，办公时间（上午8：30~下午17：30）由前台秘书负责来宾的接待引见工作，非办公时间（17：30~次日8：30及节假日）由行政管理部指定专人负责办公区域的安全保卫工作。

第三条 商场实施门禁管理系统，非办公时间职员应使用门禁卡进入办公区域。职员应妥善保管门禁卡，如门禁卡丢失要照价赔偿。

第四条 商场实施节假日值班制度，由行政管理部负责每月的值班安排和监督工作，值班人员必须按时到岗，并认真履行值班职责，检查各部门对各项安全制度、安全操作规定是否落实。

第五条 行政管理部夜间值班人员负责每日的开门和锁门，每日晚上或夜间值班人员在锁门前必须认真检查办公区域内的门窗是否锁好，电源是否切断，保证无任何安全隐患。

第六条 办公区域的门锁钥匙由行政管理部专人负责保管，并每日早晚按时将办公室的门打开、锁好，一般职员不得随意配置门锁钥匙；计划财务中心的钥匙由本部门保管。

第七条 商场职员应妥善保管印章、钱款、贵重物品、重要文件等，下班前将抽屉及文件柜锁好，切断电源后方可离开。

第八条 商场行政管理部负责组织有关人员不定期地对商场办公环境的安全实施监督检查。如有安全隐患，相应部门要及时整改。

第九条 商场所属办公区域的门锁钥匙，起用前应在信息管理中心行政管理部备份一套，行政管理部须妥善保管，以备急需时使用。

第十条 商场物品运出办公区域须填写《出门证》，经有关领导批准后方可搬离。

十二、安全保卫防范工作规定

第一条 安全保卫承包责任制要以各部门、室、各分公司为单位全面实行。各分公司要落实到班组，责任到人，签订承包合同，明确职责，落实奖惩。

第二条 各通信要害部门一律安排警卫人员守卫，并认真贯彻落实《通信要害管理规定》。

第三条 落实大厦及部门值班巡逻措施。存放现金 10 万元以上的库房，要由两个或两个以上专职人员同时值守。

第四条 重点部位一律实行“四铁两器”。重点部位是指生产要害部位，包括机房、电脑机房、营业厅、财务部、存放 1 万元以上现金的部位、存放秘密文件的档案室、图纸资料部位、存放贵重物品或枪支弹药的库房及其他应该切实保障安全的部位。

“四铁两器”是指铁门、铁窗、营业柜台护栏、保险柜及灭火器、报警器（包括营业场所防抢报警铃）。

第五条 落实现金提送的有关规定。现金在 1 万元以上且运送距离在 500 米以上的，要用机动车提送款；在 1 万元以上，但距离在 500 米以下，或 1 万元以下的提送款，须两人以上同行押送。

第六条 存放现金在 10 万元以上的，要设立具备较高防火、防爆、防盗、防抢性能的金库，并要落实安全管理制度与措施。

十三、安全生产管理制度

第一章 总 则

第一条 为了加强本商场的所属生产企业安全防范工作，保护财产和员工生命安全，保障各项工作顺利进行，特制定本制度。

第二条 本商场以“生产必须安全，安全为了生产”为方针，全方位实施生产安全管理。

第二章 影响安全的因素

第三条 领导者的责任（略）。

第四条 生产过程中的不安全因素。

（1）生产设备、仪器的防护、保险及信号等装置缺乏或不良。

（2）设备、仪器、工具及附件或材料等有缺陷；车间或班组无总电源、总气阀。

（3）生产工艺本身缺乏充分的安全保障，工艺规程有缺陷。

（4）生产组织和劳动组织不合理。

（5）个人劳动保护用品缺乏或不良。

（6）事故隐患未暴露或还未被发现等。

第五条 工作环境的不安全因素。

（1）工作地通道不合理，材料、半成品、成品混堆，工作场所过分拥挤或布置不当，地面不平，有障碍物存在或地面过滑。

（2）厂房或车间平面或立体布置不合理，未提供紧急出口，或出口不足。

（3）工作地光线不足或光线太强，可能由视觉失误引起动作失措。

（4）工作地有超标准噪声，引起员工情绪烦躁，无法安心工作；温度、湿度、空气清洁度不符合标准。

（5）有毒、有害物品在班组超定额存放或保管不当，无急救或保险措施。

（6）厂房年久失修，厂区污染严重等。

第六条 个人的责任。

（1）未很好地学习操作方法、技巧和规程，未按规程操作或工作技术不熟练。

（2）未使用劳动保护用品或使用不适当。

(3) 生产时注意力不集中或情绪不稳定。

(4) 工作责任心不强，自由散漫，工作时闲谈或不认真。

(5) 不遵守劳动纪律，工作时打闹、嬉戏。

(6) 没有注意劳逸结合，过度疲劳，长期加班，精力不集中。

(7) 工作中互相配合不好。

(8) 不执行岗位责任制，串岗、漏岗。

第三章 安全教育

第七条 安全生产教育的内容。

(1) 思想教育。主要是正面宣传安全生产的重要性，选取典型事故进行分析，从事故的政治影响、经济损失、个人受害等方面进行教育。

(2) 法规教育。主要是学习上级有关文件、条例，本商场已有的具体规定、制度和纪律条文。

(3) 安全技术教育，包括生产技术、一般安全技术的教育和专业安全技术的训练。其内容主要是本厂安全技术知识、工业卫生知识和消防知识；本班组动力特点、危险地点和设备安全防护注意事项；电气安全技术和触电预防；急救知识；高温、粉尘、有毒、有害作业的防护；职业病原因和预防知识；运输安全知识；保健仪器、防护用品的发放、管理和正确使用知识等。

专业安全技术训练，是指对锅炉等受压容器，电、气焊接、易燃易爆、化工有毒有害、微波及射线辐射等特殊工种进行的专门安全知识的技能训练。

第八条 安全生产教育的主要形式和方法。

安全生产教育的主要形式有“三级教育”、“特殊工种教育”和“经常性的安全宣传教育”等。

(1) 三级教育。在工业企业所有伤亡事故中，由于新工人缺乏安全知识而产生的事故发生率一般占50 %左右，所以对新工人、来厂实习人员和调动工作的工人，要实行厂级、车间、班组三级教育。其中，班组安全教育包括：介绍本班组安全生产情况、生产工作性质和职责范围、各种防护及保险装置作用、容易发生事故的设备和操作注意事项。

(2) 特殊工种教育。针对工种工作的特殊性及容易涉及的安全问题，进行有针对性、预防性的教育。

(3) 经常性的宣传教育。可以结合本企业本班组具体情况，采取各种形式，如安全活动日、班前班后会、安全交底会、事故现场会、班组园地或墙报等方式进行宣传。

第四章　安全技术知识

第九条　防爆的知识。

（1）防止爆炸性混合物。加强管理，消灭跑、冒、滴、漏，避免可燃物漏入空气而达到爆炸限度。

（2）防止产生火花。防爆区的电机、照明应采用防爆型；避免因接触不良、绝缘不良、超负荷或过热而产生火花或着火；正确铺设避雷装置；抢修照明采用安全灯；避免机械性撞击。

（3）防止产生静电。工作人员要穿棉布工作服，不得穿易产生静电的化纤工作服和塑料底鞋。

（4）严格遵守防火制度。严禁在生产区吸烟，严禁明火取暖和焚烧可燃物，严禁在防爆区装设电热设备。

（5）配备安全装置。如装报警器，在压力容器上应安装安全阀，有些设备和管道上可安装防爆板。安全装置要按规定维护核对，使之处于良好状态。

第十条　防火的知识。

（1）加强各种可燃物质的管理，大宗燃料应按品种堆放，不得混入硫化物和其他杂质；对酒精、丙酮、油类、甲醇、油漆等易燃物质要妥善保存，不得靠近火源。

（2）采取防火技术措施，设计建筑物和选用设备应采用阻燃或不可燃材料；油库和油缸周围应设置防火墙等。

（3）配备消防设施，厂区要按规定配备消火栓、消防水源、消防车等。生产车间应配备必需消防用具，如沙箱、干粉、二氧化碳灭火器或泡沫灭火等。器材要经常检查、定期更换，使之处于良好状态。

（4）开展群众性消防活动，既要组织专业消防队，也要建立群众性防火灭火义务消防队伍，并通过学习和实地演习，提高灭火技能。

第十一条　预防触电的知识。

防触电的主要措施是加强管理、严禁违章作业。

（1）各类电器设备，包括电焊机，照明、家用电器等的选用和安装要符合安全技术规定，保证设备的保护性接地或保护性接零良好。

（2）电气设备要定期检修，并作好检修记录；及时更换老化或裸露的电线；及时拆除临时和废弃线路等；待接线头要包扎绝缘。

（3）健全电器设备安全操作规章和责任制度，严禁违章作业，严禁非专业人员擅自操作或修理电器设备。

（4）对电器设备进行修理作业，要拉断电源和穿用绝缘衣物。

（5）组织职工训练，掌握对触电者的急救措施和技术。

第五章 事故处理

第十二条 事故处理是包括事故发生后的紧急处理、报告有关部门、进行调查分析和统计、采取措施及处分有关单位和人员等一系列工作的总称。

第十三条 职工伤亡的范围。

职工伤亡事故的性质，按与生产的关系程度分为因工伤亡和非因工伤亡两类，其中属于因工伤亡的事故包括：

（1）职工在工作和生产过程中的伤亡。

（2）职工为了工作和生产而发生的伤亡。

（3）由于设备和劳动条件不良引起的伤亡（含不在工作岗位）。

（4）在厂区内因运输工具造成的伤亡。

（5）在生产区域外因完成领导交给的任务，或在其工作地点、工作时间发生的伤亡等。

这些因工伤亡事故范围，只涉及统计分析问题，不作为劳动保险的依据。

第十四条 伤亡事故的分类。

根据负伤程度的不同，分为轻伤事故、重伤事故、死亡事故和多人伤亡事故四种。

轻伤事故：受伤后歇工一天的事故。

重伤事故：受伤后要经较长时间医治、受伤致残、造成有后遗症的事故。

死亡事故：事故发生的当时死亡，或抢救和较长时间医治无效死亡的事故。

多人伤亡事故：指同时伤亡三人及三人以上的事故。

第十五条 事故发生后的紧急处理。

事故往往具有突然性，因此在事故发生后要保持头脑清醒，切勿惊慌失措、处理失当，一般按如下顺序处理：

（1）首先切断有关动力来源，如气源、电源、火源、水源等。

（2）救出受伤、死亡人员，对重伤员进行急救包扎。

（3）大致估计事故的原因及影响范围。

（4）及时报告和呼唤援助的同时，抢移易燃易爆、剧毒等物品，防止事故扩大和减少损失。

（5）采取灭火、堵水、导流、防爆、降温等措施，使事故尽快终止。

（6）事故被终止后，要保护好现场。

第十六条 事故的调查、分析和处理。

对伤亡事故进行调查分析和处理的基本流程是：找出原因，查明责任，采取措施，消除隐患，吸取教训，改进工作。

班组的责任是协助有关部门或人员，搞好调查分析和处理工作。

第六章 安全检查

第十七条 安全检查的内容。

（1）查有无进行安全教育。

（2）查安全操作规程是否公开张挂或放置。

（3）查在布置生产任务时有无布置安全工作。

（4）查安全防护、保险、报警、急救装置或器材是否完备。

（5）查个人劳动防护用品是否齐备及正常使用。

（6）查工作衔接配合是否合理。

（7）查事故隐患是否存在。

（8）查安全计划措施是否落实和实施。

第十八条 安全检查的形式。

安全检查的方法有：经常性检查（如班组月查、周查、日查和抽查等）、专业性检查（如防寒保暖、防暑降温、防火防爆、制度规章、防护装置、电器保安等专业检查），还有节假日前的例行检查和安全月、安全日的群众性大检查。

另外，教育班组成员养成时时重视安全、经常注意进行自我安全检查的习惯，是实现安全生产、防止事故发生的最重要方式。

第十九条 自我安全检查要点。

（1）检查工作区域的安全性。注意周围环境卫生、工序通道畅通、梯架台稳固、地面和工作台面平整。

（2）检查使用材料的安全性。注意堆放或储藏方式、装卸地方大小、材料有无断裂、毛刺、毒性、污染或特殊要求，运输、起吊、搬运手段，信号装置是否清晰等情况。

（3）检查工具的安全性。注意是否齐全、清洁，有无损坏，有何特殊使用规定、操作方法等。

（4）检查设备的安全性。注意防护、保险、报警装置、控制机构的完好情况。

（5）检查其他防护的安全性。通风、防暑降温、保暖情况，防护用品是否齐备和正确使用，衣服鞋袜及头发是否合适，有无消防和急救物品等。

十四、安全检查制度

为贯彻、实施商场各项安全制度，对商场实行“三级”安全检查制。

(1) 商场的安全大检查由商场治安消防委员会领导，责成安全保卫部具体组织实施。

(2) 商场安全大检查要求每季度进行一次，由商场治安消防委员会成员、保卫人员及商场的负责人组成安全检查组，重点检查各项安全制度、防火制度及有关措施的执行情况。

(3) 对检查出的问题责成有关单位或部门限期解决。

(4) 由主管安全的经理、部长组织各级安全责任人，每月对商场各部门进行一次全面安全检查，发现问题及时解决并做出安全检查记录。一时难以解决的较大隐患，要写出书面报告，上报商场治安消防委员会。

(5) 各营业部门及安全值班人员负责本区域的班前班后安全检查，发现隐患及时排除，做好记录，解决不了的问题及时上报安全保卫部。

(6) 重大节日前要对商场进行全面安全检查，各级主管领导必须亲临现场仔细认真检查。

(7) 除按期进行“三级检查”外，安全保卫部要按分工对全场各部位的治安防范、安全防火情况进行经常性的抽查。填写安全检查记录，发现隐患要督促有关部门及时解决。

十五、安全考核与奖惩制度

1. 商场安全保卫部工作由商场治安消防委员会进行监督考核，实施奖惩。商场发生安全事故由治安消防委员会承担领导责任，主管经理、安全保卫部部长承担主要领导责任。

2. 商场各部门的安全保卫工作由安全保卫部负责考核。

3. 认真贯彻各项安全保卫制度，全年实现无火警火灾、无各类案件、无职工违法犯罪、无民事纠纷；全年坚持开展普法教育、坚持检查记录和坚持法制宣传教育。

4. 凡认真贯彻执行商场各项安全保卫制度，符合下列条件之一的，给予表彰、奖励或记功晋级。

（1）及时发现、防止各类案件和治安灾害事故发生后在抢险救灾中有立功表现者。

（2）一贯忠于职守，热爱治安消防工作，并做出一定贡献者。

（3）检举、揭发、制止违法犯罪活动，提供重要线索，协助侦破案件有功或抓获违法犯罪分子者。

5. 凡违反商场规章制度，发现下列行为者给予单位或当事人经济处罚，个人罚金500元，单位罚金1000元至5000元，触犯刑律的移交司法部门，追究刑事责任。

（1）重点要害部位发现安全隐患，经商场安全保卫部指出而不整改的。

（2）重点要害部位未指定责任人，或责任人未与安全保卫部签订责任书的（追究双方责任）。

（3）重点要害部位没有具体安全措施的。

（4）在场内禁火区或防火重点部位及非吸烟区吸烟，在吸烟区将烟头、火柴杆、烟灰扔在地上的。

（5）未经批准，违章明火作业者。

（6）占压消火栓，损坏、挪用消防器材，在消防通道上堆放物品，经通知不及时清除的。

（7）所在部门发生火险、火灾或其他治安灾害事故的。

（8）违反商场现金管理制度，现金未进保险柜或保险柜未锁的。

（9）职工违法受到公安机关行政拘留、治安裁决的。

（10）参与赌博者。

（11）凡知情不举，包庇违法犯罪分子，对发生的案件和治安灾害事故隐瞒不报的。

（12）治安消防干部不能尽职尽责的。

（13）不支持安全检查，不填写检查记录的。

十六、商场要害部位管理

商场要害部位和重点安全管理部位为商场配电室、空调室、液化气设备管道、员工餐厅操作间、地下机房、锅炉房、木工房、贵重商品库房、危险品库房、自动安全系统总控室、电梯机房、收银台、档案室、计算机房、电话总机室、财务审计部、总经理室。

（1）要害部位的主管工作人员和部门领导为要害部位责任人，均须与安全保卫部签订责任书。

（2）严格重点审查要害部位工作人员上岗前的条件，未经培训学习达标者不得上岗操作。建立重点岗位人员档案，对不符合条件的工作人员及时调离。

（3）严禁非工作人员进入重点要害部位。

（4）重点要害部位必须建立安全制度，经常进行安全自查，每天签检查记录单，发现问题立即报告，迅速整改。

（5）安全保卫部要经常定期对商场要害部位进行安全检查，保证设备设施保持良好状态。

（6）重点要害部位必须由本部门制订突发事件预案，并报商场安全保卫部备案。

十七、商场易燃、易爆物品管理

商场内易燃、易爆物品，如香蕉水、汽油、油漆、酒精、部分化妆品、煤气、乙炔等。其安全管理方式为：

（1）商场易燃易爆品保管人、使用人和部门领导人是该项安全管理责任人。

（2）商场易燃易爆品应指定专人购买、保管、发放、使用。必须严格领取、存放、发放手续。做到账目清楚，账物相符。

（3）易燃、易爆物品使用人必须严格执行操作规程，使用过程中采取安全防护措施。库内不得使用移动式照明灯具、碘钨灯和60W以上白炽灯。

（4）凡经营的危险商品应本着进多少卖多少的原则，需在指定库存放，库内不许点灯、穿钉子鞋，危险物品不得私自保管。

（5）商场要害部位及仓库应根据本制度制定出相应的部门具体管理措施，并报安全保卫部备案。

十八、商场重点部位管理

商场内重点部位为存放现金、票证、贵重商品（物品）的部位。其重点管理制度为：

（1）重点部位经营人和行政负责人为重点部位责任人，责任人应与商场安全保卫部签订责任书。

（2）重点部位工作人员必须廉洁奉公，遵纪守法，严格遵守商场财务制度和物品管理制度。坚持现金、票证当日“回笼”。各部门必须指定专人负责支票的使用和保管。支票印鉴须单独放入保险柜，不得与财务章及其他印章存放在一起。保险柜必须拨乱密码，钥匙按规定数量配置并由专人保管，必须随身携带，不得随意放置或存放在办公地点。下班后开启保险柜报警装置。原使用保险柜人员调离岗位应及时更换密码。

（3）各单位在领用支票时，必须建账登记，将单位名称、日期、用途、金额等内容填写齐全，存根留底。对未用掉的支票，应于当日交回财会室（财审部）。

（4）加强对支票的管理，一旦丢失，应积极查找，迅速办理挂失手续，并及时报安全保卫部备案。填写支票时，内容必须真实准确，字迹清晰，不得随意涂改支票，领用发票要建账登记，由专人保管，填写发票时要内容齐全，本人签全名，不得为他人提供假发票。

（5）在收受顾客支票、汇票时，须验明本人身份证，并登记身份证号码和电话号码。在核实对方确切身份后，应坚持做到：本市 3 天付货，远郊县 5 天付货。顾客备车提货时，须登记车辆号码。

（6）每天到银行送款时，不得人包分离。商场售货员、收银员在点款时应背对顾客，并保持相对距离，现金严禁置于柜台及收款台表面。

（7）收银员必须坚守岗位，收款台必须控好插销，在受到外界干扰时，也不能擅离职地。需要找人替岗时，须请示商场领导，经同意后方可替岗。

（8）私人不准在商场收银台、柜台套换、挪用外汇券，更不准非法买卖，如有违反，按套取、贪污国家外汇处理。

（9）商场各部门员工工资、奖金和其他现款，必须指定专人负责领取发放。

（10）商场贵重商品（物品）的登记手续必须齐全，账物相符，定点存放。设专用库房，专人负责保管。

（11）商场重点部位要门窗牢固，并安装防盗设施和设备。

（12）商场重点部位的安全防范工作，必须做到职责明确，制度落实。坚持各入口检查，各部门随时查，安全保卫部一周一查，并做好记录，每月一大检查，每季测验一次并有记录，发现隐患及时整改。

（13）必须配备专车到银行存取现金、交送营业款，并由安全保卫部派人护送，确保安全。

（14）因重点部位工作人员不负责任，造成差错，一律由经管人赔偿（现金、票证、物品等）。造成重大损失者，要追究其刑事责任。

十九、门店、办公室安全卫生检查表

门店、办公室安全卫生检查表

厂区：

检验部门	待改善事项	说明	备注	复检
1. 消防栓	□无法使用　□通路阻塞			
2. 灭火器	□失效　□走道阻塞　□缺少			
3. 走道	□阻塞　□脏乱			
4. 门	□阻塞　□损坏			
5. 窗	□损坏　□不洁			
6. 地板	□不洁　□损坏			
7. 营业楼面	□破损　□不洁　□杂乱			
8. 楼梯	□损坏　□阻塞　□脏乱			
9. 厕所	□脏乱　□漏水　□损坏			
10. 办公桌椅	□损坏			
11. 餐厅桌椅	□损坏　□污损			
12. 工作桌椅	□损坏			
13. 宿舍四周	□脏乱　□荒弃未用			
14. 一般机器	□保养不良　□基础松动			
15. 插座、开关	□损坏　□不安全			
16. 空压机	□基础不稳　□保养不良			
17. 电线	□损坏			
18. 给水	□漏水　□排水不良			
19. 仓库	□零乱　□防火防盗不良			
20. 废料	□未处理　□放置零乱			
21. 其他				

总经理：　　　　　　　　部门主管：　　　　　　　　检验员：

二十、安全卫生检查日报表

安全卫生检查日报表

部门：　　　　　　　　　　　　　　　　　　　　　　　　年　　月　　日

安全部门	项次	1	2	3	4	5	6	7	8	9	10	11	12	13	14	15	16	17
	项目																	
	结果																	
行政部门	项次	1	2	3	4	5	6	7	8	9	10	11	12	13	14	15	16	17
	项目																	
	结果																	
建议事项																		
备注																		

主管　　　　　制表　　　　　符号：○良好　　△尚可　　×差

二十一、异常事项报告处理单

异常事项报告处理单

年　　月　　日　　　　　　　　　　　　　　　　　　　　　　编号：

异常事项	
异常内容	
时　　间	
地　　点	
紧急处理	处理者：
防止再发生对策	责任者：
管理部门批示	经理：
保安员会签	

二十二、安全事故报告书

安全事故报告书

年　月　日

事故内容			
发生部门		发生地点	
见 证 人		事 故 者	
发生日期	年　月　日	发生时间	早上　时　下午　时
发生原因			
事故状况			
处理方式			
根本对策			
追踪检查			

初验：　　审核：　　制表：